LA FAMILLE,
UN BONHEUR À CONSTRUIRE

Du même auteur

Une année de bienfaits, CLD, Tours, 2000.
Connaître la foi catholique, Le Sénevé/Cerp, Paris, 2000.
Catéchèses de l'année jubilaire, CLD, Tours, 2001.
La famille, 15 questions à l'Église, Plon-Mame, Paris, 2003.
Croire, espérer, aimer, Presses de la Renaissance, Paris, 2007.
Les signes que Dieu nous donne, Parole et Silence, Paris, 2007.
La liberté dans la foi (Entretiens avec Michel Cool), France Culture-Éditions de l'Aube, La Tour d'Aigues (Vaucluse), 2008.
Évêques, prêtres et diacres : « C'est moi qui vous ai choisis » (Jean 15, 16), Médiaspaul, Paris, 2009.
Une mission de liberté (Entretiens avec Pierre Jouve), Denoël, Paris, 2010.
Prier. Pourquoi ? Comment ? Éditions Pocket, Paris, 2010.

Cardinal André Vingt-Trois

LA FAMILLE,
UN BONHEUR À CONSTRUIRE

Des couples interrogent l'archevêque de Paris

P*arole et* **S***ilence*

ISBN 978-2-84573-905-5

Avant-propos

Partout dans le monde, l'Église catholique est engagée de multiples manières pour aider les couples tout au long de leur vie conjugale, et pour assister les parents dans leurs tâches d'éducateurs. Dans le cadre d'une année plus particulièrement consacrée à la jeunesse et à la famille dans son diocèse de Paris, l'archevêque a invité des couples à le rencontrer afin d'aborder les questions primordiales pour eux qui concernent la famille, l'éducation, le couple, l'amour humain... Au cours de trois soirées d'entretiens, chacun a pu librement poser ses questions. Le cardinal Vingt-Trois s'est prêté joyeusement à ces échanges.

Pour que le dialogue soit possible, nous avons limité le nombre de participants à trois couples d'âges différents. Ils ne se connaissaient pas. Une fois réunis, ils ont d'abord listé toutes les questions proches de leurs préoccupations et de celles de leurs contemporains. Évidemment, toutes les situations de notre époque ne se retrouvent pas, mais chaque couple est librement intervenu en fonction de son histoire.

Marie et Tony approchent de la trentaine et ont une vie professionnelle très prenante. Ils vivent ensemble depuis quelques années et viennent de commencer leur préparation au mariage à l'Église. Marie a été élevée dans une famille catholique, mais s'est éloignée depuis longtemps de toute pratique. Tony a été baptisé à la naissance mais n'a jamais reçu d'éducation chrétienne. Ses parents se sont séparés alors qu'il était encore tout jeune.

Nathalie et Rémi auront bientôt quarante ans et attendent leur quatrième enfant. La vie chrétienne est importante pour eux et un appui dans l'éducation de leurs enfants. Ils vont à la messe le dimanche, mais très pris par leur vie professionnelle, ils ne peuvent assumer d'engagement dans leur paroisse parisienne. Les week-ends, ils sont souvent attirés dans leurs familles respectives loin de Paris.

Gérard et Christiane approchent de la soixantaine. Gérard travaille et Christiane a arrêté son activité professionnelle au moment de la naissance des enfants. Leur fils aîné a quitté la maison, travaille et vit en couple sans envisager encore le mariage. Leur fille achève ses études et demeure encore au domicile de ses parents. Gérard et Christiane ont aussi la lourde charge de s'occuper de leurs propres parents âgés. Ils n'ont pas d'engagement dans leur paroisse où ils ne trouvent pas leurs places n'étant plus jeunes parents et pas encore retraités.

Merci à chacun de ces couples pour leur disponibilité. Merci aussi à Jean Duchesne, qui a participé à la structuration des questions et à qui est revenu le délicat travail de mise en forme des enregistrements.

P. Denis Metzinger
Vicaire épiscopal pour la pastorale familiale

I

L'Église et le sens de la vie

Pour qui et pourquoi l'Église parle-t-elle de la famille ?

L'Église parle beaucoup de ce qui touche à la vie privée : le couple, le mariage, la famille, les enfants… Son discours est d'ailleurs souvent mal compris, mal reçu. Mais pourquoi une telle insistance ? L'Église est-elle vraiment légitime sur ces questions ?

Les raisons sont multiples. La première est que la foi a des répercussions dans toute l'existence humaine. Quand on s'efforce d'être fidèle au Christ, on ne peut pas faire n'importe quoi. Si donc l'Église a pour mission d'aider les gens à vivre chrétiennement, elle ne peut ignorer aucun domaine de l'existence.

D'ailleurs la foi chrétienne ne produit pas uniquement un discours sur les relations privées entre les sexes et au sein des familles, mais aussi sur la vie collective. C'est ce que l'on appelle la « doctrine sociale » de l'Église[1].

Pour certains, la religion répond à un besoin exclusivement spirituel, qui se manifeste de façon épisodique. En dehors de ces moments de ferveur plus ou moins spontanée, chacun agirait de son mieux, en gérant comme il peut ses désirs et les attentes des autres. L'expérience chrétienne est au contraire que la foi n'est pas marginale dans la vie, mais la transforme tout entière. Croire ne se résume pas à remplir telles ou telles formalités religieuses, tout en adhérant implicitement à n'importe quelle vision du monde, mais signifie s'engager totalement vis-à-vis du Christ et vis-à-vis des autres.

Jusqu'à ce qui concerne la vie intime des gens ?

Oui, car la relation entre l'homme et la femme n'est pas une relation ordinaire. On peut, par exemple, aller pendant des années chez le même boulanger et avoir de la sympathie pour lui. Mais si, pour une raison ou pour une autre, on change de boulanger, la vie ne s'en trouve pas radicalement bouleversée. Même chose dans un immeuble, si les voisins auxquels on s'était habitué et qu'on aimait bien déménagent. Ou encore dans une association de parents d'élèves, où l'on rencontre d'autres jeunes couples qu'on apprécie puis qu'on perd de vue sans que ce soit un drame quand les enfants sont envoyés dans un autre établissement.

Mais dans le cas de la relation entre un homme et une femme, dans leur amour, dans leur mariage, il y a un enjeu bien plus fondamental que dans le reste des relations. Quantité de poèmes ou d'histoires en témoignent et chaque époque a sa perception de l'amour. Au Moyen Âge il y a l'amour courtois, et au temps du classicisme l'amour-passion. Ce sont deux approches très différentes. Le XXe siècle a été marqué par une prise de conscience de l'implication de la liberté dans la relation sexuée. Le travail qu'a stimulé la psychanalyse a fait ressortir que la sexualité est un élément constitutif de l'itinéraire et de l'identité de chacun. C'est la manière contemporaine de reconnaître que la relation homme-femme est au cœur de l'expérience humaine. L'Église, qui a reçu la mission d'aider les gens à trouver la vérité sur leur propre existence, ne peut considérer ce domaine vital comme neutre ou indifférent.

Cet accomplissement de la personnalité à l'âge adulte aura été préparé et, jusqu'à un certain point, conditionné par l'éducation mais aussi par les modèles qui la traversent, indépendamment de l'influence de ce que l'on appelle « la société ». La « psychologie des profondeurs » et les recherches en pédagogie ont bien mis en lumière cette fonction formatrice de la cellule familiale, avec les rôles spécifiques du père et de la mère. Cet aspect de la réalité humaine n'est donc étranger ni à la foi ni à l'Église, qui soutient la mission d'éducation des parents.

Psychologie, pédagogie… Le discours de l'Église est-il du domaine des sciences humaines ?

Non, ce qu'il revient à l'Église de faire et de dire dans ces domaines tient d'abord à l'expérience directe de la foi. Le mariage, l'union de l'homme et de la femme a en effet un rapport étroit avec l'Alliance entre Dieu et l'humanité.

Quand la Bible explique que Dieu fait alliance avec les hommes, deux modèles sont utilisés par les auteurs bibliques : le modèle politique, dans lequel un chef et un peuple se promettent assistance réciproque ; et l'union conjugale, dans laquelle un homme et une femme s'engagent l'un envers l'autre. Et comme la coalition politique apparaît vite inadaptée à la réalité dont il s'agit de prendre la mesure, c'est la référence nuptiale et parentale qui va finalement être privilégiée pour représenter la relation avec Dieu. L'Alliance est ainsi présentée et vécue non comme une entente stratégique mais comme un mariage, non comme une défense d'intérêts communs mais comme une histoire d'amour.

De plus, Dieu se manifeste également comme un père qui veille sur ses fils et ses filles. Ce recours à l'expérience familiale comme image du rapport avec Dieu va conduire à reconsidérer les relations entre mari et femme et la relation de ceux-ci avec leur descendance à la lumière de l'amour dont Dieu fait preuve. De même que l'union des époux et le soin qu'ils prennent de leur progéniture reflètent quelque chose de l'Alliance entre Dieu et les hommes, de même celle-ci éclaire ce qui unit les parents entre eux et avec leurs enfants. De même que Dieu ne revient pas sur ses dons malgré les infidélités de son peuple, de même l'homme et la femme sont unis pour toujours, quoi qu'il arrive.

Mais à qui l'Église s'adresse-t-elle quand elle parle du mariage et de la famille ? Aux chrétiens d'abord, ou bien à tout le monde ?

L'Église s'adresse à tous ceux qui l'entendent. Aujourd'hui, on est bien prévenu qu'il faut d'abord définir la « cible » d'un message. Mais ce n'est pas vraiment ce que fait Jésus. Dans les évangiles, il ne choisit pas ses auditoires. Il ne décide pas de s'adresser à telle ou telle catégorie socioprofessionnelle ni à telle ou telle tranche d'âge. Il dit ce qu'il a à dire, et certains l'entendent et se sentent concernés. Le destinataire se reconnaît donc tout seul en prenant le message pour lui-même. Quand le Christ demande : « Aimez vos ennemis[2] », à qui s'adresse-t-il ? Nous ne le savons pas. Mais si certains haussent les épaules, d'autres se mettent à réfléchir.

De même, quand l'Église parle, elle s'adresse bien sûr aux croyants. Elle cherche à montrer la pertinence et la force de la foi, en soulignant les cohérences qu'elle requiert. Mais elle le fait devant tout le monde et de façon à ce que chacun puisse entendre, même si tous ne reçoivent pas ce discours.

Oui, mais vous savez que beaucoup de personnes se sentent condamnées par ce discours, car ils savent bien qu'ils ne sont pas en conformité avec lui.

Est-ce à cause du discours qu'ils se sentent condamnés ou à cause de leur manière de vivre ? L'Église n'est pas un groupe sectaire dont les membres initiés n'échangent qu'entre eux des secrets qu'ils ne veulent surtout pas partager avec le commun des mortels. L'Évangile, avec tout ce qu'il implique, est à proclamer publiquement. Que certains soient touchés et d'autres pas, ce n'est pas étonnant. C'est conforme à la pédagogie mise en œuvre par Jésus lui-même.

On voit des gens qui ne sont pas spécialement chrétiens faire baptiser leurs enfants et les envoyer au catéchisme, parce qu'ils présument qu'il y a peut-être là quelque chose qui leur sera utile. Et, au-delà de l'éducation, dans le domaine plus large de la famille et du couple, le message du Christ que relaie l'Église peut toucher des gens qui sont loin d'être des pratiquants convaincus. Chacun est donc libre d'écouter ou non.

Beaucoup de gens disent adhérer aux « valeurs » de l'Évangile, suffisamment par exemple pour inscrire leurs enfants dans une école catholique. Que pensez-vous de cette approche ?

Pour ma part, je ne suis pas enthousiasmé par le discours sur les valeurs. Il me semble que c'est une façon de parler pour ne rien faire. Quand on se déclare attaché à des valeurs, il n'est pas acquis que cela change grand-chose concrètement. On peut exalter la vertu de générosité et vivre dans le plus parfait égoïsme. Qu'est-ce qui est une valeur ? Qu'est-ce qui n'en est pas une ? La liste est fluctuante et les définitions sont vagues. Les valeurs sont décrétées d'autant plus sacrées qu'elles ne sont que des mots vides. Il y a là comme un phénomène compensatoire. Il existe des milieux où la famille est portée aux nues, mais où il s'en faut que tous les itinéraires soient exemplaires !

Je ne me vois pas, en tant que responsable dans l'Église, en situation de gérant d'un magasin de valeurs. En revanche, j'ai du sens à proposer. Le sens, chacun peut en faire quelque chose : y réfléchir, l'adapter, le développer, l'intérioriser, en préférer ou en chercher un autre…

Le discours sur la famille est proposé entre autres par un clergé de célibataires. Les prêtres sont-ils légitimes pour parler de la famille ?

Tout être humain a une compétence en matière d'humanité. Le savoir n'est pas l'apanage des experts.

Notre société se plaît à imaginer que la solution de tout problème ne peut venir que de spécialistes. C'est une illusion. On le voit bien depuis près d'un siècle maintenant : toutes les disciplines scientifiques qui étudient la sexualité et les relations entre parents et enfants produisent des diplômés. Ceux-ci ont pignon sur rue et peuvent assurément aider un nombre non négligeable de gens. Pourtant, si l'on dresse un bilan global, il faut bien reconnaître que les difficultés sont loin d'avoir disparu ou même d'être sensiblement en voie de régression. Les « psys » ont des compétences spécifiques pour traiter des dysfonctionnements particuliers, mais non pour procurer un bonheur universel et inaltérable.

Quelle compétence a l'Église ? Pas uniquement celle de sa hiérarchie et de son clergé, mais aussi et surtout celle de gens qui, depuis plusieurs millénaires, vivent, se marient et élèvent leurs enfants dans la foi. Ils ne sont certes pas tous capables d'élaborer des théories explicatives de leur expérience, mais ils en transmettent indubitablement quelque chose. Inversement, je connais des professionnels qui aident à surmonter les obstacles rencontrés au sein du couple et dans l'éducation. Ce sont des gens qui ont beaucoup investi et travaillé. Ils ont des compétences que les autres n'ont pas et qui ont une efficacité. Or, s'ils sont en mesure de diagnostiquer et de contribuer à lever des blocages que les autres ne discernent pas, ils n'appliquent pas infailliblement dans leur vie privée les solutions qu'ils offrent. Et nous savons qu'ils n'ont pas les secrets du bonheur.

Dans chaque communauté chrétienne, on trouve des gens qui ont réussi leur vie conjugale. C'est pour cette raison que j'encourage à célébrer les anniversaires de mariage dans le cadre paroissial. Il ne s'agit pas de se contenter d'honorer des grands-parents et de leur faire plaisir en réunissant toute leur descendance, mais de poser un acte social de témoignage. Un homme et une femme qui ont vécu ensemble cinquante ans, cela a du sens, même s'ils ne savent pas le formuler eux-mêmes. D'une certaine façon, dans notre société, les chrétiens mariés, tous les couples fidèles avec leurs limites et leurs défauts, disent quelque chose sur le mariage au-delà des accidents, des échecs ou des souffrances. Ce n'est pas parce que ce modèle ne garantit pas une félicité sans nuage qu'il serait absurde et ne mériterait pas d'être mis en avant. Il y a là une compétence exercée dans les faits.

Vous parlez du témoignage vécu. Mais tous les textes officiels que produit l'Église ne sont-ils pas loin de la réalité ?

C'est la question de la légitimité des enseignements de la hiérarchie. Mais n'a-t-on le droit de traiter que des situations que l'on a vécues ? Non. Un médecin peut et même doit soigner un tuberculeux sans avoir lui-même souffert de cette maladie. De même, les « psys » ne peuvent pas avoir personnellement vécu toutes les difficultés de leurs patients.

Et puis il ne faut pas oublier que tout le monde a une expérience familiale. Les prêtres, les évêques et le pape ne font pas exception. Il n'existe pratiquement personne qui n'ait, dans sa jeunesse, été le témoin d'une relation de couple, même « recomposé », même de parents « nourriciers ».

Il est vrai que, lorsqu'il s'agit de parler du mariage au nom de toute l'Église, avec le recul nécessaire, en s'inscrivant dans la Tradition tout en répondant à des défis inédits, être évêque, même de Rome, ne garantit pas que l'on soit équipé de tous les outils conceptuels voulus. Mais, si on prend le cas de Jean-Paul II, qui s'est largement exprimé sur le sens de l'amour humain tout au long de son pontificat[3], nous savons qu'il s'est inspiré de tout un courant d'interprétation personnaliste de la sexualité. Ce n'était pas une idée personnelle, mais l'exploitation de tout un travail qui s'est développé dans le sillage de la percée majeure de la pensée au XXe siècle, à savoir la phénoménologie. Karol Wojtyla s'y est intéressé dès sa jeunesse étudiante, sur les plans philosophique et théologique. Ce qu'il a enseigné sur la relation entre l'homme et la femme était une réinterprétation de la doctrine chrétienne à partir du champ de compétence où il s'était investi et qui lui permettait d'utiliser le meilleur de l'intelligence de son temps. De surcroît, il avait pu en vérifier la pertinence comme aumônier de jeunes adultes. Le résultat n'est pas d'un abord toujours facile, mais personne ne peut décemment nier qu'il y a là une proposition de sens supérieurement actualisée.

La compétence à parler de ces sujets participe-t-elle du témoignage ou de la maîtrise de techniques de concepts philosophiques et théologiques ?

La compétence vient de l'expérience, aussi bien collective que personnelle. J'évoquais les couples qui réussissent leur mariage et passent toute leur vie ensemble. Ils ne sont pas forcément capables d'expliquer comment ni pourquoi. Il n'empêche que leur parcours constitue une référence.

Bien sûr, ce genre d'exemple n'est pas infailliblement suivi. C'est un des drames dans un certain nombre de familles aujourd'hui. Les grands-parents ont été un ménage solide, qui a traversé des crises, mais a tenu. Les enfants ont été « bien élevés ». Ils se sont mariés à leur tour, mais un sur trois a divorcé. C'est déjà une rupture. Et à la génération d'après, qui est un peu moins nombreuse, on ne se marie pas toujours, mais une petite-fille épouse l'homme avec lequel elle vit depuis plusieurs années parce qu'elle est enceinte, alors que lui a deux enfants d'une précédente union… Le modèle initial ne se reproduit pas automatiquement.

La foi et les mœurs ; croire et vivre en croyants

Jusqu'à quel point peut-on continuer à se dire catholique quand les circonstances amènent à s'écarter du mode de vie préconisé par l'Église ?

Ce n'est pas une question que l'on peut trancher de l'extérieur. Je ne peux pas affirmer que quelqu'un qui fait quelque chose que je ne puis approuver n'appartient plus à l'Église. Si je déclare qu'un pécheur n'est plus chrétien, je n'ai plus qu'à mettre la clé sous la porte ! Si vous cheminez dans la foi en faisant de votre mieux pour mettre en œuvre ce que vous croyez, il vient un moment où vous vous apercevez que certains comportements ne correspondent pas à ce que vous découvrez. On ne peut pas prendre le christianisme comme un manteau qui couvrirait n'importe quoi. Si elle est vraiment chrétienne, la foi n'est pas un accessoire dont on se sert pour se sentir meilleur en ignorant ses propres lacunes et difficultés. Elle ne peut rester en dehors de ce que l'on vit et finit toujours par conduire à s'interroger. Les faiblesses, les échecs, les souffrances ne rendent pas inaptes à croire, mais pas inaptes non plus à se comporter en conséquence.

Par exemple, je salue aux sorties de messe dans les paroisses de Paris des femmes qui ont un ou deux enfants mais pas de mari. Je leur demande si elles connaissent le père, si elles ne pourraient pas l'épouser. Elles ne disent pas non. Mais je suis frappé de constater qu'elles ne se sentent pas exclues de l'Église. Le jugement moral n'exclut pas leur foi. Nul ne peut dire que ces femmes ne sont pas chrétiennes. Cela n'aurait pas de sens.

Souvent les gens affrontés à ce genre de difficultés nous expliquent qu'ils se débrouillent avec le bon Dieu sans s'inquiéter de ce que l'Église raconte.

Saint Paul écrit quelque part que nous avons reçu un « esprit de liberté »[4] et ailleurs il prévient que cette liberté risque de « tourner à la licence »[5]. Cela signifie que nous sommes affranchis des contraintes sociologiques, mais non des exigences de notre conscience. La liberté reçue ne donne pas le droit de faire n'importe quoi; elle rend capable d'exercer un discernement entre ce qui est bien et ce qui ne l'est pas, et ainsi de faire des choix.

Oui, mais on rencontre des femmes qui prennent la pilule, par exemple, et qui disent qu'elles font ce qu'elles peuvent, que c'est un moyen pour préserver leur couple... Il en est même qui assurent s'en trouver mieux, « libérées », et qui se demandent pourquoi l'Église jette des interdits et fait preuve d'autant de rigidité. Il n'y a pas que la contraception, mais aussi le divorce, qui peut être reconnu comme un moindre mal quand la vie commune s'avère insupportable, sans parler du remariage motivé par une nouvelle passion amoureuse…

L'Église ne condamne personne, mais elle a reçu la mission d'indiquer aux chrétiens comment ne pas manquer à leur dignité de fils et filles de Dieu. C'est pour cela qu'elle dit : « Si vous voulez vivre toute la vérité de l'amour conjugal, il est juste de ne pas séparer l'union des époux de l'ouverture à la vie » ; ou bien : « Si vous voulez établir le contexte le plus favorable à l'éducation de vos enfants, il faut constituer un couple stable et donc vous lier réciproquement ». L'Église invite aussi croyants et incroyants à affiner leur jugement sur leurs propres actes. Ainsi, aux couples qui, sans s'engager formellement l'un envers l'autre, élèvent les enfants qu'ils ont eus, elle dit : « Ce qui unit un homme et une femme ne se réduit pas à une relation amoureuse, qu'elle soit passionnelle ou non ». Car l'amour humain a aussi une dimension sociale, un sens pour les autres, à commencer par les enfants. Un engagement public a une signification qui peut, avec quelque brutalité, être formulée ainsi : « Cet homme et cette femme ne sont plus disponibles pour des liaisons avec des partenaires différents ».

En disant cela, je ne condamne personne. Je rappelle simplement une des conditions pour que l'amour résiste aux épreuves – dont celle du vieillissement – et soit fécond. C'est sans doute un idéal, mais il n'est pas irréaliste ni hors d'atteinte. Vit-on vraiment plus heureux sans objectif ou en renonçant à viser toujours plus haut ? J'admets sans peine ni crainte que ce n'est pas évident ou que l'on ne réussit jamais complètement. Tout dépend de la manière dont les gens évaluent leurs comportements : ont-ils conscience de faiblesses, de seuils qu'ils ne sont pas parvenus à franchir, ou bien déclarent-ils pleinement satisfaisantes les formules « alternatives » auxquelles ils se sont ralliés ? Dans ce dernier cas, je ne peux pas être d'accord, parce que je ne crois pas que ces solutions empiriques soient les meilleures ni les seules possibles.

On dit parfois que les jeunes couples qui se présentent pour un mariage ou pour faire baptiser un enfant alors qu'ils vivent déjà ensemble ne sont pas toujours bien accueillis par l'Église. Trouvez-vous cela normal ?

Non. Une des règles de l'accompagnement pastoral est de prendre les gens tels qu'ils sont, à la seule condition qu'ils aient l'intention de ne pas en rester là. S'ils réclament simplement que l'on prenne acte de leur situation pour leur dire que c'est très bien, ils seront déçus. Mais s'ils frappent à la porte pour dire qu'ils vivent quelque chose, qu'ils ont progressé jusqu'à un certain point et qu'ils ont envie d'aller plus loin, on peut parler. Non pour réprouver ce qui a été vécu, pas non plus pour le canoniser, mais pour montrer qu'un mieux est possible. Quand ces jeunes déjà en ménage auront avancé en s'interrogeant sur le sens de leur démarche, ils se rendront compte qu'il manquait quelque chose à leur expérience commune, qu'elle attendait d'être approfondie, enrichie. A priori, ceux qui vont voir un prêtre ont une intention qui mérite d'être écoutée, une espérance qui a d'abord besoin d'être précisée.

On cherche alors un homme d'Église ouvert, pas trop rigide avec la norme…

Il faut distinguer deux registres dans le discours de l'Église. Quand elle s'exprime publiquement, notamment par la voix du pape ou des évêques, elle formule des objectifs. Quand en son nom un prêtre s'adresse en privé à des personnes, c'est un autre registre, complémentaire. Par exemple, quand le pape parle aux JMJ, il ne dit pas aux jeunes que tout ce qu'ils vivent, sans distinction, est formidable. Il leur dit qu'ils ont d'immenses réserves de générosité et il indique dans quelles directions il les encourage à investir cette disponibilité. Il y a fort à parier que ceux qui l'entendent sont loin de s'être déjà tous engagés dans les voies qu'il recommande, que beaucoup n'y pensent même pas et que certains explorent déjà d'autres chemins, plus faciles et plus tentants. Il n'empêche qu'ils sont invités à réfléchir sur les buts qu'ils poursuivent.

Il en va différemment lorsqu'un couple qui s'interroge sur son avenir sonne à la porte d'une église, d'un presbytère ou du domicile de chrétiens qui les accueillent. Ceux qui en l'occurrence représentent l'Église ne se trouvent pas face à une foule à enseigner. Ils sont plutôt dans la position de quelqu'un qui a pour mission d'apprendre à un autre à marcher. Ils n'ont pas à développer de théorie sur l'art de mettre un pied devant l'autre, mais il leur faut plutôt prendre par la main en suscitant le désir d'avancer vers un but accessible. Les principes et les objectifs plus lointains devront être mentionnés, mais toujours en tenant compte de la situation particulière et en accompagnant pas à pas.

Aujourd'hui, dans un groupe de couples qui se préparent au mariage, il n'y a parfois qu'un seul couple de fiancés qui ne cohabitent pas. C'est paradoxal, mais ces deux-là peuvent se sentir bizarres, marginaux...

Cela peut arriver. Mais si ce garçon et cette fille sont des chrétiens convaincus, ce n'est pas la première fois qu'ils se découvrent non-conformistes et isolés. Les étudiants et les jeunes professionnels qui s'efforcent de modeler leur vie affective sur l'amour révélé dans l'Évangile ne trouvent généralement guère d'appui dans leur milieu. Cela ne veut cependant pas dire qu'ils soient seuls au monde. Ils appartiennent très probablement par ailleurs à une communauté ou à un groupe où leurs options sont comprises et soutenues.

Il existe un moyen de dépasser le paradoxe que vous signalez. C'est une formule pratiquée dans un certain nombre de paroisses. Le groupe est réuni pour un week-end qui inclut la messe paroissiale du dimanche. C'est là que concrètement l'Église les accueille tous, dans une assemblée où le Christ est présent et où les couples mariés ne sont pas l'exception.

Si, finalement, l'Église ouvre les bras à tout le monde, même à ceux qui font n'importe quoi, la minorité qui suit fidèlement ses « consignes » ne va-t-elle pas se sentir flouée ?

La réponse se trouve dans la parabole du fils prodigue[6]. L'histoire est bien connue. Le cadet quitte la maison paternelle après avoir obtenu par anticipation sa part d'héritage. Quand il a dépensé tout son argent à s'amuser, il rentre les mains vides et tout piteux. Mais son père met les petits plats dans les grands pour célébrer son retour et le fils aîné proteste, parce que lui n'a jamais reçu une telle faveur ni d'ailleurs ne l'a demandée. Le père répond : « Mon enfant tu es toujours avec moi, et tout ce qui est à moi est à toi. Mais il fallait bien festoyer et se réjouir puisque ton frère qui était mort est revenu à la vie »[7]. Quel est l'effet de cette parole sur celui qui se scandalise que l'inconduite soit récompensée au seul prix du constat de son échec ? C'est une vraie question.

Quand je faisais le catéchisme, je l'ai posée une fois à des enfants de CM2. Après leur avoir raconté cette histoire, je leur ai donné une petite rédaction : « Imaginez la suite : comment réagit le grand garçon sérieux ? » Certains ont écrit : « Il s'en va faire le fou comme son petit frère, pour avoir droit au champagne à son retour ». D'autres ont dit que l'aîné se révoltait et partait, mais pouvait toujours revenir. D'autres encore ont supposé qu'il prenait son parti en se disant qu'il valait mieux profiter de la fête que bouder dans son coin.

C'était intéressant. Comment l'accueil du cadet par le père fait-il « bouger » le fils aîné ? Va-t-il s'ouvrir et être heureux pour son frère ? Ou bien va-t-il s'estimer lésé, s'enfermer dans l'image vertueuse qu'il s'est construite de lui-même, se draper dans sa dignité outragée et s'abandonner à la jalousie ?

La fidélité formelle, toute nécessaire et sincère qu'elle soit, n'exempte pas de renouvellements de la conversion initiale, car Dieu ne suit pas la logique étroite des hommes[8], selon laquelle la rétribution doit être rigoureusement proportionnée au mérite. L'amour ne marchande pas, déborde des cadres contractuels et s'épanouit dans la gratuité du pardon et de la générosité sans limite. On peut également citer à cet égard la parabole des ouvriers de la onzième heure, qui sont payés autant que ceux qui peinent depuis le matin[9], ou celle de la brebis retrouvée, qui cause plus de joie que toutes celles qui ne se sont pas égarées[10].

Le plus souvent, le fait de vivre ensemble avant de se marier est présenté comme un avantage pour le couple. Il y a des raisons économiques, mais on dit aussi que c'est une période d'essai avant de s'engager, pour gagner en assurance. Ce n'est pas si déraisonnable, ne pensez-vous pas ?

Il n'existe pas de test qui fournisse une garantie absolue pour l'avenir. Une première expérience ne peut pas préfigurer ce que sera la situation un, trois, dix ou trente ans plus tard. Le temps probatoire peut être très encourageant : les premières étapes d'une relation amoureuse sont souvent très belles. Pourtant, elles ne conduisent pas infailliblement à un engagement réel, c'est-à-dire définitif. Et puis c'est dans la durée que vont surgir les difficultés, avec des facettes dérangeantes de la personnalité de l'un ou de l'autre. C'est donc une illusion de croire que l'on peut anticiper toutes les crises internes, tous les événements extérieurs qui vont peser sur la vie du couple : vie professionnelle, mutations, chômage, sans parler des bouleversements qu'apportent les enfants ni des problèmes créés par le vieillissement des parents respectifs des époux, par les maladies et par les accidents imprévisibles... Tous ces défis ne peuvent pas être relevés à l'avance, avec des solutions dûment préparées et éprouvées. La cohabitation ne rend pas les unions plus faciles ni plus stables, puisque le nombre des mariages tend à diminuer et que le taux de divorces est apparemment loin de baisser.

Mais un autre aspect de la question doit être pris en compte : c'est l'évolution de la société. Dans la France encore rurale jusque dans les années 1950, chaque village comptait une quarantaine de jeunes de la même génération. Ils avaient grandi ensemble, fréquenté la même école et se rencontraient régulièrement : à la messe, pour les fêtes et dans les activités locales que l'on appelle maintenant « culturelles ». Ces expériences communes faisaient qu'à un moment donné, tel garçon et telle fille tombaient amoureux et décidaient de se marier. Ils se connaissaient au moins de vue depuis l'enfance. Quand il s'agissait de préparer les noces, leurs familles ne découvraient pas des inconnus ni des gens très différents, des liens existaient déjà.

D'autre part, en ville ou à la campagne, les familles nombreuses étaient autrefois moins rares qu'aujourd'hui, les fratries procuraient un tas de relations, avec les copains et les copines des frères, des sœurs et des cousins. Ces réseaux stables permettaient des engagements entre gens d'horizons déjà reliés entre eux.

Il en va tout autrement depuis le dernier tiers du XXe siècle. En caricaturant un peu, on pourrait dire que les conditions sont à l'exact opposé. Les études tendent à se prolonger bien au-delà de l'âge où d'ordinaire on se mariait jadis. Et elles impliquent souvent un déracinement du milieu d'origine et donc un isolement. Alors qu'ils sont physiquement et affectivement prêts à se lancer dans une relation amoureuse et même à s'investir pour la vie, les jeunes se trouvent ainsi enfermés dans une bulle provisoire. Et alors, quand un garçon y croise une fille qui vit la même situation précaire, il n'est pas étonnant qu'au-delà de l'attirance mutuelle qu'ils peuvent ressentir, ils se soutiennent réciproquement, s'accrochent l'un à l'autre et commencent à cohabiter sans connaître toute l'histoire du partenaire ni ce que l'avenir réserve à chacun.

La question est de savoir quel genre de couple constituent ce garçon et cette fille qui ne sont pas en mesure de s'engager vraiment. Il ne s'agit aucunement de porter un jugement, de décréter bien ou mal qu'ils cohabitent sans projet nettement défini. Car il faut d'abord comprendre comment ils se rencontrent, pourquoi ils restent ensemble sans envisager le long terme, comment ils se découvrent peu à peu, quelles interactions fonctionnent dans leur bulle avec leurs camarades qui sont ou non « en ménage », quel rôle continuent malgré tout de jouer leurs familles qui les aident au moins matériellement…

C'est un type de relation qui n'est pas simplement un flirt mais pas encore non plus un lien solide et durable. L'idée d'un engagement durable n'est pas exclue, lorsque viendra le temps de l'entrée dans la vie professionnelle, ou le désir ou l'annonce d'un enfant. Dès lors on envisagera de « régulariser », d'« officialiser » d'une manière ou d'une autre, qui peut d'ailleurs rester en deçà du mariage religieux et même civil. De quel poids ces débuts sans promesse ni décision précise pèseront-ils par la suite, surtout si, comme c'est généralement le cas, ils sont positivement vécus et laissent de bons souvenirs au point qu'il est tentant de changer de partenaire pour retrouver la même fraîcheur ? Cette post-adolescence se perpétuera-t-elle avec l'absence d'engagement qui entretient une illusion de liberté, ou bien fera-t-elle place à la maturité consistant à faire et tenir des choix qui construisent une identité non pas égoïste mais relationnelle et féconde ?

Si c'est lié au mode de vie contemporain, l'Église ne devra-t-elle pas en tenir compte positivement ?

On peut estimer que ce statut intermédiaire s'est constitué tout seul, du fait des conditions sociales désormais imposées aux jeunes qui atteignent l'âge adulte. Mais cela pose un problème qui intéresse tout le monde. Si le désir et le projet de vivre ensemble toute la vie ne sont envisagés que par la force des choses, par l'engagement dans une vie professionnelle ou la venue d'un enfant, alors n'est-il à aucun moment réfléchi pour lui-même ? Est-on conduit à se marier par une suite d'investissements partiels et temporaires (comme dans un partage de biens ou de services) ou bien est-il possible sans aliénation de décider de se donner totalement et gratuitement ? Autrement dit, l'être humain n'est-il capable que de « commerce »[11] réglé par l'intérêt, ou bien l'amour incite-t-il, largement au-delà de l'assouvissement du désir, à un dépassement radical, libre et volontaire de l'égocentrisme, permettant un épanouissement relationnel? Est-il indécent de croire que, dans ce qui unit un homme et une femme, la réciprocité peut être poussée des deux côtés jusqu'au don inconditionnel et définitif de soi ? Encore une fois, répondre « oui » ne signifie pas que tout le monde y réussit, mais qu'un tel engagement est un but qui peut être proposé à tous.

C'est bien beau, mais que dire à ceux auxquels un tel but paraît hors d'atteinte ?

Il y a deux manières de voir, que l'on peut utiliser séparément ou parallèlement selon les cas : celle de la théorie et celle de l'expérience personnelle – ou, si l'on préfère, le point de vue objectif et l'approche subjective.

On peut soutenir objectivement que la relation privilégiée à laquelle chacun aspire requiert la durée et en conséquence le don total de soi. C'est alors une vérité d'ordre général, qui vaut en principe pour tous. Maintenant, parmi ceux qui ne vivent pas cette réalité, il y a ceux qui constatent qu'ils ne l'atteignent pas mais ne la contestent pas, et d'autre part ceux qui, parce qu'elle s'avère hors de leur portée, nient que sa validité soit assurée. Mais si un objectif n'est pas facile à atteindre, doit-il être considéré comme facultatif? La réussite doit-elle même être considérée comme hors norme ?

Subjectivement, nous sommes dans le domaine du témoignage : « Si je suis fidèle à mon conjoint, ce n'est pas parce que j'ai compris que c'était bien *en soi*, mais parce que je sens que c'est mieux *pour moi et pour lui* ».

Inversement : « Si je vis avec quelqu'un sans être marié, ce n'est pas pour démontrer que ce mode de vie est normal, mais parce que cela me convient pour l'instant ». Là encore, on peut discuter, réfléchir ensemble sans escompter que les échanges auront des effets immédiats.

Dans tous ces questionnements, la foi a son mot à dire. Elle n'est pas irrationnelle. Au contraire, elle stimule l'intelligence. C'est pourquoi d'ailleurs elle se traduit dans un discours doctrinal, logique et articulé, qui a des retombées pratiques et donc morales. Cependant, elle ne constitue pas un système clos. Elle ne donne pas à penser en imposant quelque chose ni en prouvant quoi que ce soit de manière irréfutable, mais en montrant, en révélant, en ouvrant des perspectives.

II

L'amour humain

Quels modèles de couples et de familles ?

Puisque l'Église se déclare compétente en matière d'amour et de mariage, et qu'elle reconnaît l'importance des témoignages et des exemples, quels modèles donne-t-elle à imiter ?

Il n'y en a pas tellement, et pour une raison assez simple : c'est que les couples qui s'engagent totalement et traversent les crises de la vie en restant fidèles ne sont pas des exceptions héroïques. Ils constituent un encouragement, une confirmation que c'est possible, et pas seulement pour des gens extraordinaires. Ce n'est pas la même exemplarité que dans les cas des martyrs ou des fondateurs d'œuvre de charité. C'est plutôt la vocation commune.

Néanmoins, chaque expérience est unique et certaines peuvent s'avérer stimulantes. Ainsi, on a béatifié à Lisieux en 2008 Louis et Zélie Martin, les parents de sainte Thérèse de l'Enfant Jésus. Ce ne sont pas des prototypes dont la biographie serait à reproduire. Ils étaient brodeurs-merciers à Alençon. Ils ont eu neuf enfants dont quatre meurent en bas âge tandis que les cinq filles survivantes se sont toutes faites religieuses. C'était elle le chef d'entreprise, et elle a succombé relativement jeune à un cancer du sein. Lui a plus tard perdu la tête au point qu'il a fallu l'enfermer. Ce sont là des données particulières qu'il n'est aucunement demandé de décalquer pour être saint. Ce qui peut être imité, c'est ce qu'indépendamment de leurs itinéraires et de leurs épreuves, les époux Martin ont mis en œuvre dans leur vie conjugale et familiale, dans leur prière commune et dans la foi transmise à leurs enfants ainsi que par leur générosité envers les autres, à commencer par leurs employés et les plus démunis[12]. C'est en raison de cette piété et de cette charité que Louis et Zélie Martin sont donnés en exemple, et non pour avoir été les parents de sainte Thérèse de Lisieux. Ils ne sont que le deuxième couple où l'homme et la femme sont béatifiés ensemble[13]. Auparavant, on trouve des saints et des saintes qui ont été mariés, mais ils ont été canonisés sans leur conjoint[14].

Dans la Bible non plus, on ne trouve pas beaucoup de couples qui pourraient servir de modèle…

Effectivement. Même un héros comme David n'est pas un modèle de fidélité conjugale. Son fils Salomon, fruit de son union illégitime avec Bethsabée[15], n'est pas meilleur de ce point de vue, bien qu'il soit réputé pour sa réussite et sa sagesse.

Les patriarches ne sont pas davantage des modèles. Abraham et Isaac ne sont pas exemplaires, puisqu'afin d'éviter des ennuis, ils abandonnent leurs épouses à plus puissants qu'eux en prétendant qu'elles ne sont que leurs sœurs[16]. Sara et Rebecca ne sont guère plus recommandables. La première pousse sa servante Agar dans le lit d'Abraham afin qu'elle lui donne un fils, puis elle est prise de jalousie et chasse la mère et l'enfant une fois qu'elle-même a donné naissance à Isaac.

À la génération suivante, le mariage d'Isaac avec Rebecca est une belle idylle[17]. Cependant, elle roule son vieux mari en aidant leur fils cadet, Jacob, à prendre la place de l'aîné, Ésaü[18]. Ce dernier s'avère finalement peu rancunier[19], mais l'itinéraire de Jacob est compliqué, entre ses deux épouses, Rachel et Léa, et les servantes de celles-ci.

Il y a ensuite les tribulations de Joseph, son préféré parmi les douze garçons qu'il a eus de quatre femmes différentes. Dix des frères (Benjamin, le petit dernier, est trop jeune) se débarrassent du chouchou et le vendent comme esclave en Égypte, mais le jeune prétentieux s'avère des plus dégourdis et même généreux, de sorte que tout se termine par une réconciliation autour du vieux père[20]. C'est donc ici la famille qui est au centre, avec une dialectique de rivalité et de solidarité au sein de la fratrie, comme déjà dans les démêlés entre Ésaü et Jacob, voire depuis Abel et Caïn[21].

Cependant, la relation entre l'homme et la femme continue de peser: Joseph est la proie d'une séductrice; deux de ses frères vont venger une de leurs sœurs qui a été déshonorée; mais un autre couche avec une des concubines du père et d'autres font des enfants à des étrangères. En intermède, l'aventure haute en couleurs d'un autre frère, Juda, avec sa belle-fille veuve, Tamar[22]. Le fruit de cette union est l'ancêtre de Booz, lequel aura lui-même pour lointain descendant le roi David, de son union avec Ruth la Moabite qui le sollicite en vertu de la loi du lévirat mais qui lui plaît bien[23].

Toutes ces histoires ne sont, à première vue, guère édifiantes. Elles constituent toutefois un tableau saisissant de la réalité de la condition humaine, au point que l'on peut se demander quel religieux scrupule a retenu le docteur Freud de puiser là des prototypes pour illustrer ses intéressantes théories. Il serait trop long de répertorier toutes les situations évoquées dans la Bible, mais pratiquement on y trouve la plupart des problèmes qui peuvent surgir dans les couples et les familles.

Mais alors, en quoi les récits de la Bible peuvent-ils nous aider?

L'Ancien Testament nous montre donc les êtres humains tels qu'ils sont et tels qu'ils sont appelés à devenir: Abraham répond à l'appel de Dieu, David se montre généreux et sait reconnaître ses torts, même si ce n'est pas en raison de leur comportement vis-à-vis des femmes et de leur famille qu'ils s'engagent sur la voie de la sainteté. On découvre chez eux non pas des exemples à reproduire servilement, mais le sens du chemin à parcourir et le but à atteindre, que Dieu fait percevoir en se révélant.

Pourtant, les amours tourmentées de la Bible servent à la pédagogie divine et finalement nous enseignent quelque chose sur le mariage. Déjà, négativement, lorsque Abraham ou Isaac sont prêts à laisser leur femme à un autre, le malheur frappe ou menace[24]. Et plus profondément, l'infidélité conjugale apparaît liée à l'idolâtrie : ce sont les énièmes épouses païennes de Salomon et de ses successeurs qui poussent les rois d'Israël à adorer d'autres dieux que l'Unique. Ces trahisons compromettent l'Alliance, provoquent le démembrement de la nation puis la perte de la Terre promise. Finalement et positivement, c'est par la bouche des prophètes, et notamment Osée[25], avant même la chute du royaume d'Israël, la prise de Jérusalem et l'exil à Babylone, que Dieu dévoile qu'il continue d'aimer son peuple comme un époux trompé qui ne renie pas sa femme adultère. C'est de cette manière que prend forme l'objectif de l'union indissoluble, réalisable avec l'aide de Dieu en ayant part à sa vie qu'il communique, malgré les faiblesses humaines qu'il n'est pas question d'ignorer.

Ainsi se dessine ce que Jésus précisera en expliquant le relatif laxisme de la Loi de Moïse sur les possibilités de répudiation[26], et en mettant en lumière, au-delà des circonstances et de la relation entre les sexes, la vocation toujours actuelle de l'humanité telle qu'elle est.

L'Évangile ne donne-t-il pas une image plus directement parlante avec la Sainte Famille ?

En dehors des crèches enjolivées par l'imagination populaire[27] et des tableaux de la fuite vers l'Égypte ou de Joseph à Nazareth en train de raboter avec l'aide de Jésus enfant sous l'œil discret de Marie, nous n'avons dans l'Évangile que l'épisode tout de même troublant où Joseph et Marie récupèrent leur fils au Temple après l'avoir cherché pendant trois jours[28]. Jésus participe au pèlerinage, peut-être après sa *bar-mitsva*, c'est-à-dire son intégration au peuple d'Israël. Il fait partie d'une caravane de gens venus de Galilée. Sur le chemin du retour, Joseph et Marie s'aperçoivent qu'il n'est plus là. Ils reviennent donc à Jérusalem et finissent par le retrouver au milieu de docteurs de la Loi avec lesquels il discute en égal malgré son jeune âge. C'est une scène qui peut « parler » à des parents dont un enfant s'est égaré.

Néanmoins, lorsque Marie demande : « Comment as-tu pu nous faire cela ? Nous étions bien inquiets », le gamin ne leur ouvre pas les bras, ne s'excuse pas mais répond : « Ne saviez-vous pas que je dois m'occuper des affaires de mon Père ? ». Il affirme ainsi que Joseph n'est pas son père. On est loin de la famille idéale. Ses parents ne comprennent pas, précise d'ailleurs l'Évangile, qui ajoute cependant : « Il rentra avec eux à Nazareth. Il leur était soumis et grandissait en taille, en sagesse et en grâce ». C'est certes, de la part d'un adolescent, un bel exemple d'affirmation personnelle que les parents ont du mal à accueillir, sans qu'il y ait pourtant de rupture.

Après cela, il n'est plus question de Joseph, mais les récits qui font intervenir la famille de Jésus sont déconcertants[29]. S'il écoute sa mère aux noces de Cana, c'est après lui avoir adressé une parole que nous trouvons dure[30]. Et si, avant de mourir sur une croix, il confie Marie à l'apôtre Jean[31], c'est moins pour procurer un foyer à sa mère veuve que pour signifier que la Vierge, nouvelle Ève, sera désormais la mère de tous ceux qui deviennent frères et sœurs du Christ par le baptême.

Mais, au terme de ce parcours un peu chaotique de l'Histoire sainte, nous voyons qu'à l'intérieur de cette

Alliance renouvelée et offerte à « la multitude des hommes »[32], le mariage humain prend tout son sens, comme l'explique saint Paul vers la fin de son Épître aux Éphésiens, où il appelle l'amour conjugal à se modeler sur celui du Christ pour son Église[33].

Est-ce pour cette raison que l'Église a fait du mariage un sacrement?

La réponse n'est pas si évidente. Jusqu'au Moyen Âge, on a beaucoup discuté pour déterminer ce qui était ou non un sacrement[34]. Les vœux religieux en étaient-ils un? Et le lavement des pieds? Pour trancher, il faut commencer par définir ce qu'est un sacrement. En simplifiant, on peut dire que s'y accomplit quelque chose que l'on voit et qui exprime autre chose qui ne se voit pas. Ou encore: l'homme expérimente des signes qui représentent la présence agissante de Dieu. Il y a donc beaucoup de rites qui pourraient être des sacrements. Pour affiner, on a été chercher un critère anthropologique et un autre au niveau théologique: en quoi cette cérémonie est-elle décisive dans l'existence humaine? Et en quoi répond-elle au dessein de Dieu et a-t-elle donc un sens au-delà des personnes directement concernées?

Dans le cas du mariage, il s'agit indubitablement d'une expérience fondatrice pour l'humanité: c'est par l'union de l'homme et de la femme que les générations se perpétuent, et leur communauté durable est requise pour la constitution du milieu familial nécessaire à la croissance et à l'éducation des enfants, auxquelles la société seule ne saurait pourvoir. D'autre part, cette alliance est en rapport non seulement avec la volonté du Créateur[35], mais encore avec l'amour libérateur du Christ pour son Église. Ainsi, l'engagement nuptial n'est pas le fruit d'un hasard ni de mécanismes anonymes et biologiques. Il est bel et bien un pacte dans lequel Dieu s'engage aussi. Quand les époux se donnent l'un à l'autre, Dieu se donne à eux et à travers eux à l'ensemble de ceux et celles qui constituent le Corps de son Fils, ceux qui sont les frères et les sœurs du Fils premier né[36].

Voilà ce qui constitue le mariage en un sacrement, c'est-à-dire en une action de Dieu, qui permet en l'occurrence à deux libertés de se conjuguer, de se donner l'une à l'autre, de se refonder réciproquement et solidairement. Elles peuvent alors, en s'inscrivant dans la vie divine qui consiste à se communiquer en se donnant totalement, s'épanouir en fécondité, grâce à des enfants et même, en cas d'impossibilité d'avoir des enfants, en diffusant autour de soi l'amour reçu et partagé, au-delà de la cellule familiale, au-delà même de la communauté ecclésiale dont on fait partie.

Est-il vraiment possible de vivre tout cela quand on va se marier et même quand on l'est depuis longtemps ?

Oui, dans la mesure où le mariage ne se limite pas à une relation d'ordre sexuel et à des habitudes plus ou moins sécurisantes, mais est une réponse à un appel ressenti et une décision réfléchie en réponse à une vocation. Il n'y a pas de sacrement sans écoute de la Parole de Dieu, sans liberté qui s'exerce parce qu'elle est sollicitée et éclairée.

Nous savons aussi que tout le monde n'est pas amené à se marier et que, d'une certaine manière, nul n'y est obligé. Certains n'y arrivent pas. D'autres suivent d'autres voies. D'autres encore n'y penseront jamais, alors qu'ils vivent en ménage[37]. En d'autres termes, tous ces gens-là n'ont pas la vocation.

On peut se sentir appelé à la prêtrise ou à la vie religieuse. Mais comment peut-on savoir qu'on a la vocation du mariage chrétien ?

Je vais prendre un autre exemple d'une vocation dont on n'a généralement pas conscience : la confirmation. Quand je prépare des jeunes à ce sacrement, je leur fais remarquer que beaucoup de ceux qui sont nés à peu près en même temps qu'eux n'ont pas été baptisés. Puis que tous ceux qui l'ont été n'ont pas été envoyés au catéchisme. Ensuite que tous ceux qui ont reçu une instruction religieuse n'ont pas fait leur première communion. Enfin que, parmi ceux qui ont commencé la pratique religieuse, tous n'ont pas continué et donc ne se présentent pas pour recevoir le don de l'Esprit Saint. C'est ainsi qu'au milieu de leurs camarades de classe, ceux qui sont là sont loin d'être une majorité. Comment expliquer cet « effet d'entonnoir », où l'on se retrouve moins nombreux à chaque étape ? On peut dire que c'est comme ça, mais on peut reconnaître qu'il s'agit là d'un phénomène constitutif de l'expérience juive et chrétienne, à savoir l'élection, le choix de Dieu.

Autrement dit, il n'y a pas que des processus déterministes. Dieu choisit et appelle, à travers les parents qui transmettent la vie, puis directement dès qu'apparaît la liberté de s'engager. À mesure que l'on répond, on avance et les rangs s'éclaircissent plus ou moins. On peut fort bien ne pas réagir, déclarer même qu'on n'entend rien. Il ne s'ensuit pas que Dieu ne s'intéresserait pas à certains et les éliminerait. Mais tous ne reçoivent pas forcément son message, ce qu'il offre n'est pas toujours répercuté et n'atteint pas forcément tout le monde. Pourtant, chacun peut à tout moment découvrir ou redécouvrir sa vocation. C'est ce qui fait que certains « débarquent » seulement au catéchisme, voire plus tard encore, sans être baptisés ou sans avoir eu l'occasion d'assumer leur initiation chrétienne.

Il y a ceux qui viennent à l'Église juste pour préparer leur mariage !

Il en va de même pour le mariage. Ceux qui le demandent commencent souvent par dire : « Nous voudrions nous marier à l'église ». Avant de soulever délicatement le couvercle pour vérifier ce qu'il y a dans la casserole, on n'est pas trop sûr de ce qu'elle contient. Sans doute, cette déclaration peut recouvrir des motivations très diverses ; elle ne recouvre cependant pas le vide. Et suivant la façon dont chacun s'explique, il prend plus ou moins conscience d'une vocation – de ce qu'il entreprend quelque chose qui n'est pas une simple formalité et où sa liberté n'est pas seule, mais stimulée. Il y a un sens de la démarche qu'il faut découvrir puis s'approprier. Ce sens est nécessairement singulier, puisque chaque couple est unique, et en même temps ce sens n'est pas fabriqué *ex nihilo*, mais reçu.

C'est un peu comme les gens qui font baptiser leur enfant en pensant qu'il sera protégé d'une certaine manière. Ou comme ces mères qui me tendent leur bébé à la sortie d'une église pour que je le bénisse.

Qu'espèrent-elles au juste ? Peut-être se disent-elles que ça ne peut pas faire de mal, qu'il n'y a pas de risque et que ça peut aider s'il en est besoin. Mais peut-être aussi est-ce leur manière d'exprimer qu'elles savent n'être pas en mesure de faire à elles seules le bonheur de leurs petits. Elles les confient donc au bon Dieu, pour que leur destin soit conforme à leur vocation, à l'amour qui leur est porté d'en-haut. S'il en est ainsi, dans la mesure où elles répondent à un appel et à leur façon qu'il n'appartient à personne de juger, elles ont la foi.

Il en va de même pour de futurs mariés, et à plus forte raison, puisque ce qu'ils viennent chercher, même s'ils n'en ont pas pleinement conscience au départ, n'est pas une simple bénédiction, mais un sacrement. Vont-ils se rendre compte qu'ils ne viennent pas seulement obtenir une caution pour leur expérience et leurs intentions mais, plus profondément, répondre à un appel ? Vont-ils saisir que Dieu n'est pas étranger à leur engagement, apprendre ou réapprendre à prier, comprendre qu'ils sont attendus au moins chaque dimanche à la messe et que les manquements auxquels il leur arrivera de se laisser aller peuvent être pardonnés dans le sacrement de la réconciliation ? C'est l'enjeu de la préparation au mariage, qui est conçue pour être un temps de conversion, en tout cas un moment de confrontation aux buts et aux vérités de l'existence, à travers la Révélation de la Bible et de l'Évangile.

Engagement et vocations

Souvent les jeunes qui s'engagent pour toujours sont déçus lorsque l'on explique que le mariage n'a pas la promesse de l'éternité. Jésus lui-même le dit clairement : « Ceux qui ressuscitent d'entre les morts ne se marient pas, car ils ne peuvent plus se marier[38] *». Alors à quoi bon se lier ici bas ? On a l'impression que, dans l'Église, il y a une voie supérieure qui serait la vocation religieuse et sacerdotale au célibat et à la chasteté.*

L'Église n'a pas canonisé que des vierges et des célibataires ! Avant de se mettre à béatifier des couples[39], elle a donné en exemple quantité de gens mariés[40] et elle continue de le faire. Il n'y a pas de supériorité de la vie consacrée ou sacerdotale sur la condition de simple baptisé, qui comprend la possibilité du mariage, lequel a la dignité de sacrement, alors que ce n'est pas le cas des vœux religieux.

Ceci dit, oui, tout mariage prend fin lorsqu'un des époux décède. Cela ne veut pas dire qu'ils sont séparés « pour l'éternité ». Ce qu'ils ont vécu ensemble n'est pas davantage effacé à tout jamais. Mais la vie ressuscitée, pour le peu que nous puissions en conjecturer[41], est affranchie des servitudes matérielles et physiques, si bien que les communications, sans être désincarnées, sont d'un tout autre ordre, parce que la transparence et l'intimité ne sont pas réservées aux seuls conjoints.

La racine du scandale n'est pas la frustration de la chimère d'une union enfin fusionnelle dans l'au-delà, mais bel et bien la mort, à laquelle nul n'échappe. Même pour un mari et une femme qui ne font plus « qu'une seule chair », comme le dit l'Écriture[42], la foi ne gomme pas le tragique de l'arrachement que représente la mort. Elle incite cependant non pas à y voir un échec inéluctable ni une dissolution dans le néant, mais à en faire, à l'imitation du Christ, un moyen de donner sa vie, de s'en remettre entièrement à Dieu quoi qu'il en coûte. Ce n'est certes facile pour personne. Un clair indice du sérieux avec lequel l'Église sait devoir accompagner cette épreuve est qu'elle a fait de l'onction des malades, comme du mariage, un sacrement, qui n'est plus aujourd'hui administré uniquement aux agonisants.

Quant aux prêtres, ils ne le sont « pour l'éternité » qu'en tant qu'associés au Christ, unique Prêtre parfait de la Nouvelle Alliance. L'expression : « Tu es prêtre à jamais selon l'ordre de Melchisédech », qui se trouve dans le Psaume 110, reprise plusieurs fois dans l'Épître aux Hébreux[43], s'applique directement au seul Christ. Comme le baptisé, le prêtre a reçu un sacrement qui l'ordonne à une mission précise pour ici-bas. Dans la vie éternelle, il n'y a pas de sacrements !

Saint Paul laisse entendre que le mariage n'est qu'un pis-aller : « Mieux vaut se marier que succomber si l'on ne peut pas se contenir[44] ». Ici encore, on a l'impression que l'Église accorde plus de valeur à la chasteté consacrée et au célibat sacerdotal qu'à la condition conjugale.

Cette citation doit être replacée dans son contexte de réponses à des questions sur des situations compliquées au sein de la jeune et turbulente communauté de Corinthe. Saint Paul souhaite aussi justifier son statut particulier d'apôtre, qui n'a pas de compagne afin de se consacrer entièrement à Dieu. Il se place également dans la perspective de l'imminence du retour du Christ, dont nul ne sait ni le jour ni l'heure[45]. Le célibat est une manière radicale de se tenir prêt, comme Jésus le demande, en anticipant sur la chasteté dans la vie ressuscitée[46]. Enfin, tout cela n'est pas écrit « au Nom du Seigneur »[47], mais explicitement présenté comme un témoignage et un avis personnel.

Quoi qu'il en soit, l'idée est que le mariage, même si c'est la condition la plus commune, n'est pas une obligation. Cependant, si, n'ayant pas reçu la vocation du célibat « pour le royaume »[48], on veut (et peut) avoir une relation privilégiée avec une personne de l'autre sexe, alors l'engagement conjugal est à l'évidence préférable à une succession de liaisons passagères. L'important est l'appel de Dieu, qui est adressé aussi bien aux couples qu'aux autres. Et, avec réalisme, Paul voit bien que la tâche des gens mariés est compliquée par la nécessité d'articuler leur relation mutuelle avec leur attachement au Seigneur ainsi que par les soucis ménagers et professionnels.

Aujourd'hui la stabilité des mariages a beaucoup diminué : ceux qui se marient ont de moins en moins de chance de vieillir ensemble. Cela n'en décourage-t-il pas beaucoup de se marier ? Les notions de fidélité, d'engagement, ne sont-elles pas relativisées ?

Il est vrai que l'on annonce qu'en Île-de-France, 40 % des unions donnent lieu à un divorce. C'est impressionnant mais pas très probant, car l'interprétation exigerait des détails qui manquent. Quelle est, dans ces 40 %, la proportion de secondes, voire de énièmes noces ? Et parmi ces personnes divorcées, combien étaient mariées à l'Église ? Or la précision fait défaut. Ce chiffre ne signifie donc pas que, si l'on convole en région parisienne, il y a uniformément et mathématiquement deux « chances » sur cinq pour que ça ne tienne pas. La durée d'un engagement dépend à l'évidence de l'état d'esprit et des conditions dans lesquelles il est pris. La seule conclusion que l'on puisse tirer d'un résultat aussi brut, c'est que le mariage pour la vie a disparu des schémas de pensée d'un nombre non négligeable et sans doute croissant de gens chez nous.

Peut-on se contenter de voir là un affadissement du sens moral ? Cela risque d'être vain et même injuste, car la stabilité du mariage a toujours été liée au système économique et social – ce qui veut dire que, du temps où l'on ne divorçait pas ou peu, la fidélité n'était pas toujours un choix librement assumé. Prenons deux exemples : dans le domaine agricole et dans celui de l'artisanat, la famille était autrefois une cellule de production. Si le mari et la femme se séparaient, il n'y avait plus moyen de continuer à fonctionner, et il n'y avait guère de solutions de repli. On restait donc ensemble, de bon ou de mauvais gré. En tout cas, la séparation apparaissait comme un luxe inaccessible à la plupart et les lois ne prévoyaient pas le divorce. Dans certains milieux favorisés, on prenait plus ou moins discrètement des maîtresses ou des amants.

Depuis cinquante ans, le travail salarié des femmes à côté des hommes en usine ou dans le secteur tertiaire leur a donné des possibilités d'autonomie. Le problème ne se pose donc plus du tout dans les mêmes termes. Les couples ne sont plus liés par la nécessité d'une coopération alimentaire. La famille est devenue un lieu qui a ses finalités propres, distinctes des obligations professionnelles et de survie élémentaire : c'est là qu'on a des relations fortes, qu'on s'épanouit, qu'on s'occupe de l'éducation des enfants, etc. Autrement dit, le mariage ne peut plus s'appuyer sur les mœurs imposées par des nécessités pratiques ni sur le consensus social qui en découle : il faut désormais des motivations personnelles.

Dans ces conditions, il n'est pas étonnant qu'un tiers de gens, livrés à eux-mêmes, n'en trouvent pas. Et il est même encourageant que deux couples sur trois en découvrent assez pour durer, malgré un environnement culturel qui valorise plutôt les comportements « alternatifs », la nouveauté, le changement...

Précisément, on nous dit qu'aujourd'hui il n'y a plus d'engagements à vie : ni pour le travail, ni pour le logement, ni pour la région où je vis. Alors pour la famille non plus ?

C'est une révolution intervenue assez récemment, dans ces dernières décennies. Jusqu'aux années 1950 et au début des années 1960, les maximes quotidiennes de morale écrites à la craie sur le tableau noir dans les classes des écoles primaires publiques inculquaient que le mariage est un engagement pour la vie, sauf exception pas davantage prévisible ni souhaitable que n'importe quel autre type d'accident[49]. On ne verrait rien de tel de nos jours, parce que les normes se sont insensiblement déplacées : « pour la vie » est devenu « jusqu'à nouvel ordre ».

Les motivations sociales de la fidélité conjugale tendent donc à disparaître non seulement des mentalités, mais encore du dispositif législatif. Celui-ci a été adapté pour permettre de contourner les difficultés du divorce – non pour les supprimer, car c'est impossible, mais pour faire comme si elles n'existaient pas.

L'argument est qu'il faut réduire les formalités parce que l'opération est pénible. Mais fluidifier et accélérer la procédure ne la rendra pas indolore. On n'aura peut-être pas le temps d'en souffrir sur le moment, mais les problèmes ne seront pas résolus.

La précarité du mariage est assimilée dans les mentalités. La famille recomposée est banalisée. On oppose même « famille moderne » et « famille traditionnelle ». Si ces tendances continuent à s'accentuer, ne vont-elles pas finir par devenir la norme ?

Je crois que la famille « recomposée » est davantage subie et dictée par les circonstances que désirée comme un idéal. La banalisation de la mobilité des couples se heurte à la présence des enfants. On se sépare malgré les enfants, pas parce qu'on pense que ça les rendra plus heureux. Au départ, la relation entre mariage et procréation est facile à repérer : l'immense majorité de ceux qui s'unissent disent envisager d'avoir des enfants ou bien en ont déjà. Évidemment et heureusement, ce n'est pas la seule motivation, mais il y a un lien direct, et c'est un signe positif : quel que soit « l'air du temps », les gens comprennent d'instinct que donner la vie, c'est un acte responsable, qu'il faut l'assumer à deux et que cela requiert un engagement réciproque. Qu'il puisse y avoir des accidents qui remettent le pacte en question n'empêche pas qu'en règle générale, encore aujourd'hui, être parent demeure un élément de stabilité conjugale.

Nos enfants disent parfois ne pas vouloir se marier pour ne pas divorcer.

Ce que je viens de relever est une réalité qu'ignore l'idée reçue selon laquelle le mariage ne peut être qu'un échec. Je suis tombé sur un reportage où un homme interrogé par une journaliste était invité à se présenter rapidement. Il a dit son nom, où et quand il était né, les études qu'il avait faites, son métier, dans quelle ville il vivait, et il a conclu : « Marié, donc divorcé ». Étrange fatalisme, alors que nous sommes au contraire dans un contexte où, quelles que soient les difficultés rencontrées, deux tiers des couples régulièrement constitués tiennent et prouvent que durer ensemble, c'est possible, et que la liberté, c'est aussi la fidélité.

Il y a donc un décalage entre ce qui est vécu par la plupart des gens et l'image que la société leur propose (ou leur impose). Dans les médias, un tas de données chiffrées qui seraient pourtant instructives ne trouvent jamais de place. Par exemple, les études montrant une corrélation entre l'échec scolaire ou la délinquance juvénile et la situation familiale ne sont pas publiées. Autre chose : combien de familles dissociées occupent deux logements ? Dans le cas de garde alternée des enfants, il faut bien que chacun des parents séparés ait assez de place pour les accueillir. Cette solution a un coût social – il se paye, mais on n'en parle pas.

Ce n'est pas facile pour des parents de faire passer ce message à ses enfants, à ses amis…

La question à l'origine de toutes ces considérations est en fait celle de savoir ce que l'on peut dire aux fiancés qui risquent d'être découragés par le pessimisme ambiant. La première réponse est donc qu'ils ne sont pas enfermés dans un système déterministe où leur union n'aurait pratiquement aucune chance de durer : ils sont libres, il est possible de tenir l'engagement qu'ils s'apprêtent à prendre, leur don mutuel produira du sens, au moins pour ceux qui en seront les témoins et ils peuvent même s'employer, dans les structures associatives, voire politiques, à faire partager les convictions enracinées dans leur expérience.

Une seconde réponse est que l'on peut aider les jeunes à comprendre que la réussite familiale réclame un travail, c'est-à-dire une volonté, la recherche et la mise en œuvre de moyens. Si l'on regarde la façon dont les gens occupent leur temps, on constate qu'en gros, il y a un petit tiers pour le sommeil et un gros tiers pour l'activité professionnelle, le reste étant partagé entre les tâches domestiques, la détente et les loisirs, etc. À quels moments la vie de famille va-t-elle trouver place, alors qu'elle est un des éléments clés pour tous ceux qui la composent ? Comment va-t-on créer les conditions pour développer les relations entre mari et femme et avec les enfants ? Beaucoup ont des plans de carrière auxquels ils consacrent beaucoup d'énergie. La famille n'est pas moins importante et ne mérite pas moins de réflexion stratégique. Il n'est pas raisonnable de laisser courir, de s'en remettre au hasard, en se disant que ça finira toujours par s'arranger. Mais non : il arrive que ça coince. Il faut donc investir de l'attention, du temps, de l'énergie… Il s'agit que les relations passent d'un mode simplement affectif et aléatoire à un type de rapports qui s'appuient certes sur des sentiments, mais sont ordonnés à un projet commun, construit et sans cesse mis à jour par les époux ensemble.

Comment surmonter les épreuves de la vie de couple ?

Ce qui est destructeur, c'est le refoulement, le silence, l'absence de dialogue, qu'il s'agisse de la fécondité du couple, du métier et de la carrière de l'un ou de l'autre, de difficultés scolaires ou autres des enfants, ou encore de l'aide et des soins qu'exigent les parents vieillissants… Pour ne pas se laisser accabler par le poids de tels fardeaux, mieux vaut avoir déjà pris l'habitude d'échanger en vérité, même s'il n'y a pas d'enjeu grave. Une situation de crise n'est pas le meilleur moment pour découvrir les avantages de la conversation.

Dans les pièces classiques, les confidents ne sont pas simplement des prétextes permettant aux personnages principaux d'expliquer ce qui les tourmente. Selon les conventions théâtrales, de simples monologues suffiraient. Mais il se passe quelque chose dans ces scènes dites d'exposition : celui ou celle qui écoute, sympathise et questionne permet de tester les analyses et les hypothèses pour la suite ; il aide donc à avancer, à préciser l'enjeu, à trouver un but au moins immédiat, à ne pas rester bloqué.

Les conditions de vie actuelles ne sont pas tellement propices aux processus libérateurs que permettent les confidences. Quand il n'y a pas un retard à rattraper quelque part, les sollicitations extérieures se multiplient. Les époux ont du mal à dégager du temps ensemble. Parmi les parents, les frères et sœurs, les cousins et cousines, il y a peut-être quelqu'un à qui l'on pourrait se confier. Mais ils sont dispersés sous tous les horizons, de même que les amis de jeunesse. On peut certes se téléphoner, envoyer des SMS et des mails, mais ça ne remplace pas une rencontre physique et directe, avec une disponibilité mutuelle.

Si le conjoint s'avère incapable de tenir ce rôle, où donc trouver quelqu'un à qui l'on pourra confier son angoisse ou sa souffrance et qui aidera à chercher des issues ? Autrefois, faire la vaisselle permettait de bavarder tranquillement. Désormais, on fourre tout dans la machine en deux minutes et on appuie sur le bouton... Voilà un lieu de dialogue qui n'existe plus. Il faut donc en inventer d'autres.

On m'a cité le cas de gens qui vivaient en appartement avec un chien, qu'il fallait par conséquent sortir régulièrement. Eh bien, ils allaient ensemble promener l'animal une fois par jour et c'est alors qu'ils se parlaient. Cette pratique ne peut évidemment pas convenir à tout le monde, mais c'est un exemple de solution à mettre en œuvre pour établir un cadre d'échange qui sera précieux en cas de difficulté sérieuse. Sinon, la frustration risque de provoquer le recours en urgence à un remède, un « psy » par exemple qui prêtera ses oreilles à un tarif horaire peut-être abordable.

L'homme et la femme ont-ils des rôles spécifiques et distincts dans le couple, dans le monde, dans la vie en général ?

Ce qu'il faut reconnaître pour commencer, c'est que l'homme et la femme ne sont pas identiques ni interchangeables. Si l'on n'est pas d'accord, ou si l'on estime qu'il n'y a entre eux que des nuances superficielles et négligeables, la question n'a pas de sens.

Pour celui qui cherche une réponse, les récits du début de la Genèse[50] apportent quelque lumière. On y constate que la création de l'humanité avec la distinction entre les sexes introduit quelque chose de nouveau et d'unique. L'homme n'est pas simplement ajouté aux autres animaux : il est fait « à l'image de Dieu ». Et si l'humanité ainsi créée comporte l'homme *et* la femme, leur relation ne se réduit pas aux rapports entre mâles et femelles des autres espèces. Ils sont donc différents mais « connectés », séparés et pourtant pas indépendants. Dieu ne crée pas d'un côté l'homme et de l'autre la femme en leur disant que peut-être ils se retrouveront plus tard comme ils le pourront. Ils sont distincts, mais ensemble. Constitués pour la coopération et la communion. Et ils ont une mission commune, qui est de maîtriser la terre et de la peupler[51].

Peut-on déduire de tout cela que l'homme et la femme ont, chacun pour sa part et par nature, un rôle spécifique ? On a l'a fait à certaines époques récentes, et probablement davantage pour justifier l'ordre social existant que pour des raisons vraiment scientifiques : à l'origine et donc foncièrement, l'homme serait le chasseur qui part au loin pour affronter les bêtes sauvages et ramener de la viande, tandis que la femme serait la cueilleuse, qui attend son retour pour préparer le ragoût en ramassant à proximité de la caverne quelques racines, baies et glands sans oublier le persil…

Ce n'est pas ce qui ressort de la Bible. Ou alors elle propose des personnages à contre-emploi. Par exemple, la fonction de chef de guerre n'est pas réputée féminine du tout, mais ce sont bien Débora et Yaël qui donnent une belle victoire aux Hébreux alors qu'ils entreprennent la conquête de la Terre promise[52]. Plus tard Judith prend au piège et trucide le général ennemi au temps où les Assyriens veulent envahir le pays[53], pendant que les hommes palabrent pour savoir s'il ne vaudrait pas mieux négocier une capitulation plutôt que d'aller se battre.

On ne peut donc pas dire que sorte de l'Écriture une vision de l'humanité où des rôles seraient prédéterminés pour chaque sexe dans le domaine social – à une exception près, tout de même, qui est de taille : c'est que l'homme et la femme prennent part à une naissance de façons radicalement distinctes. C'est elle, et non lui, qui porte l'enfant et qui le met au monde. Il le reçoit d'elle et se reconnaît comme le père. Ou bien c'est la mère qui désigne le géniteur du bébé. La disparité est totale : on peut établir sans l'ombre d'une hésitation qui est la mère ; on peut toujours avoir des doutes sur l'identité du père.

Être père ou mère est-ce si différent... ?

L'accouchement a des suites, dont la plus visible est l'allaitement, bien qu'il ne soit pas toujours possible ni souhaité. Est-ce que la fonction maternelle demeure pour constituer une mission particulière vis-à-vis de l'enfant, au sein du foyer et même dans la société ? La question est de savoir si la maternité est un phénomène essentiellement physique, qui se limite à l'enfantement, ou bien si elle a des prolongements relationnels et psychologiques. Freud est très disert à ce sujet. Mais indépendamment de ses théories, l'expérience montre que le rôle de la femme dans la famille est souvent différent de celui de l'homme, parce que ce qui unit les enfants à leur mère est un lien originaire, tandis que le rapport au père est une relation éducative. C'est ce que la psychanalyse a interprété en avançant que la figure du père incarne l'objectivité de la loi, tandis que la mère représente le refuge de l'intimité et de la communion.

Cependant, tout cela ne définit pas des spécialisations nettes. On a cru que le métier d'infirmière était réservé aux jeunes filles et aux femmes. Il y a aujourd'hui de très bons infirmiers. De même, le métier des armes a longtemps été censé ne convenir qu'à des hommes. Le contraire a été prouvé. Il y a des soldates et des officiers femmes. L'industrialisation, la scolarisation jusqu'au niveau universitaire et, dans la seconde moitié du XXe siècle, de nouvelles percées technologiques et le développement des services ont largement ouvert le travail rémunéré aux femmes. La plupart des ménages ont d'ailleurs besoin de deux salaires. C'est au point que la femme au foyer fait presque figure d'exception, car, au nom de la parité entre les sexes, s'épanouir dans une carrière professionnelle n'est plus pour une fille simplement un droit, c'est souvent perçu comme une nécessité si ce n'est un devoir.

Cette situation est-elle objectivement meilleure ou pire que celle d'antan, où la femme restait à tenir la maison et s'occuper des enfants, n'intervenant éventuellement dans la vie économique et publique qu'en tant qu'auxiliaire ? Pour ma part, je ne vois pas ce qui pourrait par principe interdire à une femme de mettre en œuvre ses qualités personnelles et ses compétences acquises, que ce soit sur le plan professionnel ou en participant aux activités collectives culturelles, sportives et même politiques. Et je ne vois pas non plus ce qui pourrait l'y astreindre, ni ce qui empêcherait un homme de tenir la maison ou de prendre soin des enfants.

Reste à savoir s'il doit et surtout s'il peut en aller de même au niveau intime des relations familiales, qu'il convient, me semble-t-il, de bien distinguer des tâches domestiques.

Je pense qu'une famille fonctionne si la mission de cohésion, de communion et de consolation est remplie, et que cette mission repose principalement sur la mère. Un tel rôle est même vraisemblablement requis aussi dans la société, où existent des pôles de stricte objectivité et des pôles de miséricorde qui sont également indispensables. Cela ne signifie pas que les femmes auraient obligatoirement et exclusivement à prendre en charge l'écoute, la compréhension et l'indulgence, ni que les hommes devraient se limiter à incarner la loi. Mais il importe que ces deux exigences en rapport dialectique soient réalisées quelque part de manière repérable. Prenons le cas d'une femme qui est chef d'entreprise. Si tout le monde ne dort pas déjà quand elle rentre chez elle, va-t-elle rester une patronne ? Son mode de fonctionnement professionnel va-t-il déteindre sur ses relations avec ses enfants et son mari ? Quelle place va alors prendre celui-ci ? Va-t-il être amené par compensation à devenir une mère toujours disponible ?

Distinguer les identités et les rôles est vu aujourd'hui comme une discrimination.

Si l'on revient à l'exemple d'une femme qui élève seule des enfants, il faut bien que ce soit elle qui impose des règles et fasse office de père. Les femmes sont capables de représenter sans complaisance des impératifs de base. Mais cela doit-il conduire à dissocier de la féminité l'accueil et la compassion, et de la masculinité la rigueur ? Si oui, cela risque de brouiller les cartes de sorte que les identités n'apparaîtront plus clairement et que les attentes deviendront irréalistes, provoquant toutes sortes de frustrations.

C'est un peu ce que l'on voit déjà en politique. Les candidats promettent qu'ils nous materneront, qu'ils seront aux petits soins pour tout le monde. Mais le devoir d'un ministre et *a fortiori* d'un chef d'État est-il de ne pas aller se coucher avant d'avoir envoyé des messages personnalisés de condoléances et de soutien à tous les citoyens maladroits qui se sont enfilé une écharde dans un doigt au cours de la journée ? Les approximations sur les missions créent donc des problèmes, dans la mesure où les fonctions ne sont pas clairement assumées. En disant cela, je n'entends critiquer personne, car c'est dans la culture ambiante que les rôles sont devenus instables et ambigus.

Quelle place pour les femmes dans l'Église ?

Dans l'Église les choses se présentent autrement. Y a-t-il un rôle spécifique pour les hommes et pour les femmes au sein du Peuple de Dieu ?

Au risque de déconcerter, je dirai que l'Église exerce dans la société une fonction féminine de miséricorde, même si son personnel le plus visible est composé d'hommes et si elle est ressentie, jusqu'à la caricature, comme gardienne de lois morales objectives.

Or sa vocation n'est pas le pouvoir ni la force, et sa mission est au contraire de transmettre le pardon de Dieu et la gratuité de son amour, et ainsi d'appeler les êtres humains à une communion universelle. C'est ce qui a permis aux théologiens et aux mystiques de lui reconnaître un rôle essentiellement maternel. Et c'est ce que rappelle le titre d'une encyclique de Jean XXIII en 1961 sur les questions de société : *Mater et Magistra* – mère et éducatrice.

Si, dans l'opinion publique, l'Église est incarnée par sa hiérarchie entièrement masculine, c'est parce que sa vie ne se réduit pas à la dispensation des sacrements, mais qu'elle est en quelque sorte elle-même un sacrement[54]. C'est-à-dire, selon la définition donnée tout à l'heure, qu'elle rend visible ce qui ne l'est pas, à savoir le Christ en personne. Depuis qu'il est remonté aux cieux le jour de l'Ascension[55], il n'est plus au milieu de ses disciples. Mais il a confié à ses apôtres d'accomplir les gestes qui font qu'il est réellement présent et qu'il agit dans la communauté de ses fidèles. À partir de là, il n'est pas difficile de comprendre que ceux qui le représentent et disent « je » en son nom dans les célébrations du baptême et de l'eucharistie et dans le sacrement de réconciliation sont des hommes, comme lui-même et comme les premiers qu'il a choisis pour remplir cette mission. C'est pourquoi le ministère (autrement dit le service) apostolique et pastoral, lié par Jésus lui-même aux fonctions sacramentelles qu'il a instituées[56], est réservé à des hommes que Dieu lui-même appelle et dont l'Église reconnaît simplement la vocation.

Mais d'une manière concrète, les rôles ne pourraient-ils pas au moins être partagés ?

Ils le sont ! Le clergé n'est pas toute l'Église. De tout ce qui vient d'être dit, il ne résulte pas que le Corps du Christ, auquel sont agrégés tous ses fidèles, ne comprendrait que des hommes, ni que les femmes n'auraient rien d'important ni de spécifique à y faire. En tant que réalité humaine en même temps que mystique, l'Église est composée d'hommes (qui ne sont heureusement pas tous ordonnés prêtres ou diacres) *et* de femmes. S'il existe en son sein des fonctions essentiellement masculines, il y a logiquement aussi des rôles féminins – même si, en l'absence de références institutionnelles dans les sources scripturaires et peut-être aussi en raison des caractéristiques de la féminité, ils sont plus souples et moins faciles à fixer une fois pour toutes, tout en répondant mieux aux besoins circonstanciels.

Au cours des siècles, les femmes ont ainsi pu prendre en charge différentes missions importantes : la première l'éducation des enfants, l'instruction longtemps négligée des filles, le soin des malades et des vieillards, l'attention personnelle aux autres, la prière contemplative, la cohésion et l'ouverture religieuse de la maisonnée... Tous ces rôles ne sont pas définis ni fixés dans le détail. Au niveau de la vie familiale et de voisinage, ces services ne sont évidemment pas institutionnalisés, bien qu'ils ne soient pas du tout négligeables. Et quand il s'agit par exemple d'activités caritatives, hospitalières ou d'enseignement, qui requièrent une coordination et des établissements, le Seigneur suscite des initiatives toujours nouvelles : aux grands ordres féminins qui sont fondés au Moyen Âge[57] puis lors de la Contre-Réforme, au XVIIe siècle (par exemple les Filles de la Charité[58]), et renaissent après la Révolution française, vient s'ajouter au XIXe un nombre impressionnant de congrégations nouvelles, pour faire face aux nouvelles pauvretés liées à l'industrialisation et aux déficits spirituels dans la culture et la société. Parmi des centaines, je n'en cite qu'une seule, puisque la fondatrice, Jeanne Jugan[59], a été canonisée en 2009 : les Petites Sœurs des Pauvres.

Jusqu'au dernier tiers du XXe siècle, toutes ces fonctions ont été relativement bien identifiées, aussi bien dans la sphère privée que dans le domaine public. D'un côté la femme au foyer était généralement plus pieuse que son mari. De l'autre, quand on croisait une religieuse dans la rue, on savait reconnaître rien qu'à son habit pour quoi elle courait. Aujourd'hui, l'identification se fait moins facilement, sauf pour les contemplatives. On n'a pas encore trouvé les formules qui donneraient pour notre époque une lisibilité au rôle essentiel des femmes dans l'Église et dans la société. Cela veut dire qu'il faut continuer à chercher.

Il existe pourtant des religions où les fonctions sacerdotales sont ouvertes aux deux sexes.

Effectivement, mais ce n'est pas le cas du judaïsme ni à sa suite du christianisme.

Il faut cependant relever que la mixité dans le service cultuel (d'ailleurs récente dans certaines Églises protestantes) repose sur une hypothèse très contestable : celle de l'équivalence ou de l'interchangeabilité des sexes.

L'égalité ne signifie pas qu'il n'existe aucune différence, ni que les caractéristiques respectives de l'homme et de la femme n'ont d'importance que secondaire, ni qu'ils pourraient être substitués l'un à l'autre à n'importe quel niveau. L'égalité prend au contraire tout son sens dans la mesure où elle ne se réduit pas à la similitude entre deux êtres rigoureusement identiques. Le mari et la femme sont les deux moitiés distinctes du couple qu'ils forment, et non pas le double l'un de l'autre ni deux copies jumelles d'un même prototype.

On peut se demander si le Christ aurait pu aussi bien être une femme. La fonction maternelle et féminine de l'Église ne serait-elle pas plus facile à comprendre ?

Il se trouve que Jésus de Nazareth était un homme. On pourrait se contenter de dire que c'est comme ça, qu'envisager autre chose, c'est perdre son temps, et il est vrai que l'on ne peut pas refaire l'histoire.

Cependant, la question est alors de savoir pourquoi Dieu s'est fait homme et non pas femme. On peut lui concéder a priori que ce n'est pas un hasard. Ce n'est pas non plus parce que les civilisations d'il y a deux mille ans au Moyen-Orient étaient bien plus « machistes » que la nôtre. Ces explications sont un peu courtes. C'est plutôt parce que Dieu avait déjà choisi, pour se faire connaître du Peuple avec lequel il avait fait alliance, les figures masculines du père[60] et de l'époux[61]. Lorsqu'il s'incarne pour achever cette Révélation, c'est en un fils, sans désavouer ni brouiller l'identité dévoilée.

On entend parfois dire que Dieu est à la fois père et mère.

Reste à comprendre cette option prise par Dieu, après en avoir constaté la cohérence. L'erreur serait ici de comprendre l'image à l'envers. La paternité humaine n'est qu'un reflet de celle de Dieu. L'image que nous avons d'un père ne suffit pas à contenir tout ce qu'est Dieu. Il se présente d'ailleurs lui-même sous d'autres figures : Époux, mais également l'Éternel, le Seigneur, le Tout-Puissant, le Très-Haut, le Vivant, etc., et même (exceptionnellement) comme une mère. Cependant, c'est alors pour dire qu'il aime *non pas autant* qu'une mère *mais davantage*, que sa tendresse et sa patience vont encore plus loin[62]. De même, la paternité divine dépasse infiniment tout ce dont est capable un père humain. Dieu n'est réductible ni à la masculinité, ni d'ailleurs à la féminité telles que nous les connaissons, ni à aucun des symboles à travers lesquels il se manifeste. Il se démarque donc aussi des éléments (le feu, la lumière ou le soleil, le vent et l'air, la terre nourricière, l'eau vivifiante, l'or et les matériaux précieux) qui, dans la religiosité primitive ou « naturelle », servent à représenter la divinité et sont adorés à sa place[63].

Si l'image paternelle a une importance particulière, c'est parce qu'elle permet de saisir non seulement que Dieu est le Créateur qui ne se désintéresse pas de son ouvrage, mais encore que, dans l'humanité faite à sa ressemblance, le géniteur est plus qu'un mâle dans les autres espèces, puisqu'au-delà de la procréation et de l'assistance à la mère après la naissance, il garde des liens forts avec ceux qu'il a engendrés. La paternité humaine se comprend ainsi à la lumière de la paternité de Dieu et non plus simplement à partir de mécanismes biologiques. Cette expérience de la Bible est confirmée et développée dans l'Évangile : Jésus se révèle le Fils de Dieu en parlant à *son* Père ; il le présente à ceux qui l'écoutent comme *leur* Père des cieux et il les encourage à s'adresser eux aussi à lui comme ses enfants[64].

Ce n'est pas tout : en son Fils fait homme, Dieu offre à l'humanité la communion avec lui. Dès lors, celle-ci n'est plus seulement dans un rapport filial avec Dieu mais dans un rapport d'épouse pressentie. Le Christ (ou Dieu) apparaît comme le fiancé qui séduit celle avec laquelle il veut s'engager. C'est le sens du Cantique des cantiques dans la Bible. C'est aussi le sens des paroles de Jésus lorsqu'il compare l'avènement de Dieu dans le monde des humains à un festin de noces[65]. Enfin, c'est pour cette raison que ceux qui l'annoncent, depuis les prophètes jusqu'à Jean-Baptiste[66], et ceux qu'il choisit pour le représenter (ses apôtres) sont des hommes.

Mais, dans cette perspective, c'est la femme qui est représentative de la vocation de tous. C'est ce qui fait son éminente dignité et qui définit son rôle essentiel dans l'Église et pour l'humanité. C'est aussi ce qui explique la place de Marie dans l'histoire du Salut ainsi que dans la foi et la piété[67]. Marie est celle qui demeure vierge tout en étant unie à Dieu pour devenir la Mère de son Fils. Elle est ainsi reconnue comme la Mère de l'Église, c'est-à-dire de tous ceux que le Christ s'assimile pour qu'ils forment en lui un seul Corps.

Tout cela montre bien qu'entre Dieu et l'humanité, il s'agit de bien plus que du mariage humain. Cette alliance ne lui est pas étrangère, mais elle est intégrée dans un mystère plus vaste et plus fécond. C'est à la lumière de ces noces mystiques que l'alliance entre époux sur cette terre prend tout son sens.

Tout cela suggère bien que les identités respectives de l'homme et de la femme ne dépendent pas uniquement des circonstances ni même de la condition charnelle, mais s'enracinent dans des réalités plus profondes. On pourrait les dire proprement métaphysiques (en d'autres termes : au-delà de ce qui est connaissable par les sens), ou spirituelles si l'on préfère.

Tout ceci ne revient-il pas à donner trop d'importance à l'identité sexuée ? L'expérience ne montre-t-elle pas qu'elle n'est dans la vie personnelle qu'un aspect intermittent, somme toute secondaire et limité, avec une orientation qui peut s'ignorer au moins provisoirement, et même changer pour répondre aux besoins de contextes qui varient sans cesse ?

Fondamentalement, l'être humain est homme ou femme, pas l'un et l'autre à la fois, ni alternativement l'un ou l'autre. Quand on lit dans la Bible : « Homme et femme il les créa »[68], cela ne veut pas du tout dire que chacun est les deux en même temps ou bien l'un ou l'autre selon les cas. Ils sont différents et interdépendants. L'égalité entre eux, en tant que créés l'un et l'autre « à l'image de Dieu », implique qu'ils sont distincts sans pour autant être entièrement substituables l'un à l'autre. Même si quantité de tâches dans la vie sociale et aussi au sein de la famille peuvent être remplies indifféremment par des hommes ou par des femmes, la différence radicale se vérifie dans l'enfantement, ainsi que je l'ai déjà signalé, mais également dans le jeu entre les générations et au sein de la fratrie.

L'identité soit masculine, soit féminine prend forme en effet bien en amont de la maturité sexuelle. Le petit enfant intègre que la mère n'est pas une sœur ni une maîtresse, et que le père n'est pas un amant ni un frère; que le rapport au père n'est pas non plus exactement le même que celui à la mère, tandis que, pour un garçon, une sœur n'est pas une fille comme les autres et, que pour une fille, un frère n'est pas dans la même catégorie que les autres garçons, etc.

Et l'homosexualité ?

L'homme et la femme sont différents. Mais il y a les amours entre personnes du même sexe. Sur quoi l'Église se fonde-t-elle pour maintenir que l'amour peut unir un homme et une femme, mais pas deux hommes ou deux femmes ? Comment ne pas sembler condamner ceux et celles qui sont attirés par des personnes de leur sexe ?

Ignorer, brouiller ou nier la différence entre l'homme et la femme constitue en soi un décalage par rapport à la structuration qui fonde la vitalité de l'espèce. Si l'on dit que gays et lesbiennes ne vivent pas comme les autres, il est vrai que, d'une certaine manière, on les met à part. Mais cela peut-il être considéré comme de l'intolérance ? Toute spécificité implique des impossibilités : un homme ne peut pas porter un enfant, ni une femme être père. Cela autorise-t-il à se considérer comme injustement privé d'un droit? Constater qu'une situation est spécifique, ce n'est pas juger ceux qui s'y trouvent. Et soutenir que la pratique homosexuelle n'est pas conforme à ce qui est bon pour l'homme est au minimum une liberté démocratique – une conviction qui vaut bien l'opinion inverse et qu'il serait abusif de priver du droit de cité.

Chacun ne peut-il pas faire ce qu'il veut de son corps?

La véritable question est de savoir si la différence homme-femme est constitutive de l'existence, sur les plans physiologique, psychologique, affectif et social, et si tous ces domaines sont interdépendants dans la construction et la consolidation de l'identité personnelle. Si l'on estime qu'ils peuvent être dissociés, on tombe dans la confusion des rôles, non plus dans la sphère publique mais au plan de l'intimité du privé. Cela donne des individus « en miettes », avec un corps, une intelligence, des engagements émotionnels et des activités déconnectés les uns des autres.

On peut déclarer que c'est sans importance et soutenir que la personnalité n'a pas besoin d'une identité unifiée et qu'il est possible de jouer des rôles changeant selon les types d'occupation ou d'interaction, voire en fonction des circonstances ou de fantasmes. On peut aussi croire que certaines formes de relations affectives doivent forcément être poussées jusqu'aux rapports physiques et accepter qu'elles aient des répercussions non seulement sur la psychologie et la sociabilité, mais encore sur les capacités émotionnelles et même sur la corporéité. Mais alors, qu'on le veuille ou non et même si l'on récuse le mot et l'idée de

« morale », on crée des normes éthiques qui font entrer n'importe quelle activité sexuelle dans le domaine de l'acceptable. Et on prend le risque d'influencer les facultés de jugement et donc la liberté d'individus fragiles – en particulier les jeunes.

Mais les expériences de ce type sont-elles toujours satisfaisantes au point de pouvoir être banalisées et déclarées sans inconvénients ni même sans conséquences ? En tout cas, elles ne suffisent pas pour constituer la règle générale. C'est ainsi que gommer la différence entre homme et femme conduit à en établir objectivement d'autres, de plusieurs types d'ailleurs. L'homosexualité est un phénomène complexe et multiforme, qui recouvre des réalités disparates et n'a pas d'unité positive en dehors de ne pas se reconnaître hétérosexuel, c'est-à-dire de la démarcation par rapport aux comportements plus communs et aussi plus stables. Il y a donc toute une gamme de distanciations hétéroclites vis-à-vis de tous ceux qui se reconnaissent fermement comme étant d'un côté ou de l'autre, non seulement vis-à-vis du sexe opposé mais encore, et inséparablement, dans toutes les dimensions de leur existence.

Pour les partenaires de même sexe, on parle de mariage, de désir d'enfants…

C'est la question de la finalité. Deux femmes ou deux hommes vivant ensemble ne feront jamais d'enfant. Ils ou elles ne peuvent pas se reproduire. C'est un amour dès le départ sans suite. Même s'il dure en vertu d'un attachement sincère, il ne s'inscrit pas dans la vocation de l'humanité. Ce simple constat ne peut-il pas entrer dans les références communes et consensuelles ?

On ne peut que s'interroger devant la revendication présentée par certains homosexuels de constituer des couples comme les autres, avec la possibilité de se marier et même d'adopter des enfants à défaut de pouvoir procréer. Est-il d'ailleurs adéquat de parler de couple ? Ces rêves d'être malgré tout comme tout le monde reviendraient-ils à admettre indirectement (et sans doute involontairement) que l'amour humain n'a de sens que dans le don total et réciproque et la transmission de la vie, et donc que la norme est ailleurs ?

La Bible permet d'ajouter que la complémentarité de l'homme et de la femme est seule conforme à l'ordre vital dans la création – tout en sachant que son harmonie est devenue imparfaite parce que le dessein de Dieu n'est pas universellement respecté.

Les époux solidaires sous le regard de Dieu

Nous savons tous que deux époux n'ont pas forcément le même cheminement dans la foi. Comment peuvent-ils prier ensemble s'ils n'en sont pas au même point ? La communion spirituelle est-elle indispensable ? Une relation commune avec Dieu est-elle possible ?

Dieu participe à la relation entre les époux et ceux-ci lui sont unis, à la fois ensemble et chacun pour sa part. C'est manifeste dans le fait que le mariage est un sacrement. Ceci dit, il n'existe pas de schémas-types ni de recettes, car pratiquement chaque situation est particulière.

Un des fruits de l'amour conjugal est le respect de l'autre. L'illusion serait de croire que l'union rend le mari et la femme identiques ou du moins les place exactement à la même distance de Dieu. Or l'amour ne consiste pas à ramener l'autre à soi, mais à l'accepter tel qu'il est. L'itinéraire spirituel de son conjoint a peu de chances d'être rigoureusement le même que le sien.

Le problème est de savoir dans quelle mesure l'écart est vivable. Le cas extrême (mais pas rare) est celui où l'un des deux n'est pas sûr d'avoir le plus petit brin de foi et ne consent au mariage à l'église que pour faire plaisir à l'autre. C'est une question dont il vaut mieux se parler avant de se lier sacramentellement, pour évaluer et décider en commun si cette divergence peut être assumée ensemble. L'union projetée peut-elle intégrer une telle différence comme un élément constitutif, sans l'enfouir dans un coin obscur d'où elle peut surgir plus tard comme une source de conflit – par exemple pour l'éducation chrétienne des enfants ?

Il est ensuite à noter que les évolutions personnelles ne sont pas forcément parallèles ni simultanées. Il faut admettre que l'on ne progressera pas forcément du même pas, que des événements, des rencontres ou des lectures influenceront l'un et pas l'autre, positivement ou négativement. L'histoire commune sous le regard de Dieu va se développer dans l'assistance mutuelle, où celui ou celle qui découvre quelque chose le partage avec l'autre.

Les échanges entre conjoints sont d'autant plus importants pour permettre à chacun de s'accorder à l'autre et aux deux de cheminer solidairement. La synchronie parfaite est impossible et les degrés atteints ne sont jamais absolument les mêmes.

Les époux ne peuvent-ils pas s'entraider mutuellement ?

Il vaut mieux se méfier de ce que l'on peut appeler la tentation messianique. Cela concerne surtout des femmes qui se découvrent la vocation de sauver leurs mécréants de maris (parce qu'elles les aiment) et qui tendent à faire de cette sollicitude un argument qui relève un peu du chantage. Mais ce genre d'amour a souvent tendance à prendre l'autre dans sa barque, bon gré, mal gré, alors que lui aussi a son histoire et sa liberté. Il est préférable d'accepter l'autre tel qu'il est, de ne pas lui demander de se soumettre, de le respecter et de l'écouter, au besoin et si possible en le faisant parler, et de témoigner de ce que l'on vit soi-même, en prenant appui sur ce qui peut l'intéresser sans le heurter. L'important est de l'accompagner sur la route que lui seul peut parcourir.

Beaucoup de préparations au mariage insistent sur la prière en couple.

Si l'un des conjoints n'est pas chrétien, n'a plus la foi ou ne la met jamais en pratique, il serait hypocrite ou du moins déraisonnable de lui demander de prier ensemble : il ne sait pas ce que c'est ni comment faire ! Mais on peut et même on doit toujours prier *pour* lui. La prière conjugale n'est pas uniquement celle que les époux adressent à Dieu d'une seule voix. Elle est aussi et le plus souvent d'abord celle où, dans l'action de grâces aussi bien que dans la demande, chacun ou du moins l'un des deux remet l'autre en même temps que soi-même à la bonté du Père des cieux qui bénit leur union.

III

Le mariage

Quels préalables ?

Pourquoi faut-il passer à la mairie avant d'aller à l'église ? Ne pourrait-on pas, si l'on est chrétien, se passer du mariage civil ?

C'est la République qui a fait, en France, du mariage civil un préalable obligé au mariage religieux. Pendant la Révolution, on a voulu séculariser l'état-civil, c'est-à-dire ne plus laisser aux paroisses le soin de tenir les registres des naissances, mariages et décès en notant les célébrations de baptêmes, noces et funérailles. C'est ce qui fait qu'un prêtre n'a pas le droit de recevoir le consentement des époux si ceux-ci ne se sont pas déjà dit « oui » devant M. le maire ou un de ses délégués. Les gens qui se marieraient uniquement à l'église et le curé qui l'accepterait commettraient une infraction au regard du Code pénal.

Ceci dit, il existe en Europe des pays où il est parfaitement admis que le mariage religieux a une valeur civile et légale. On peut se marier à l'église, à la synagogue, devant le ministre du culte de son choix ou encore, si l'on n'a pas de religion, devant un officier d'état civil (par nécessairement un maire, éventuellement un juge ou un préposé local ou régional). Cette union est reconnue ensuite par l'État dans la juridiction en vigueur.

Il y a une deuxième réponse, qui consiste à se demander ce qui, pour l'Église, fait du mariage un sacrement. Ce n'est pas uniquement la célébration, mais plutôt le fait qu'elle unit deux personnes qui sont déjà baptisées, fidèles du Christ, pour qu'en lui et avec la grâce de l'Esprit Saint ils se donnent l'un à l'autre. La cérémonie ne saurait suffire à rendre chrétiens les époux. Si elle est possible, si elle a un sens, c'est parce qu'ils le sont depuis qu'ils ont été baptisés. Le préalable inhérent au mariage chrétien n'est donc pas le passage à la mairie, mais le baptême, la vie nouvelle reçue par l'entrée dans le mystère de la mort et de la Résurrection[69] du Christ. Le rite nuptial manifeste la réalité de ce qui s'opère, mais cet accomplissement n'est possible que si les époux sont chrétiens.

Un exemple peut servir à illustrer cette réalité spirituelle : dans les pays de mission où il y a peu de prêtres, les baptisés qui veulent se marier et que l'on ne peut pas faire attendre indéfiniment sont considérés comme mariés au bout d'un certain temps d'une vie commune et leur mariage est reconnu comme sacramentel. Ces situations extrêmes révèlent la logique qui s'applique dans cet autre cas particulier qu'est celui de la France : il n'y a pas deux mariages successifs, un civil puis un religieux, car ce dernier seul donne toute sa dimension au premier, du fait que les époux ont reçu le baptême.

Ceci soulève évidemment des questions. Dans notre pays, beaucoup de gens sont chrétiens dans la mesure où ils ont été baptisés à leur naissance. Mais ils ne partagent pas personnellement la foi de l'Église et ne veulent pas participer à sa vie. S'il en est ainsi, on peut douter que leur union revête une qualité sacramentelle. C'est pourquoi, dans la préparation au mariage, il est prévu des entretiens séparés avec les deux fiancés, afin de comprendre jusqu'à quel point chacun adhère librement au contenu de la foi chrétienne.

En résumé, il y a dans notre pays deux formes de mariage. Ceux qui, non baptisés, passent par la mairie sont indubitablement mariés. Si l'union des deux conjoints prend une dimension religieuse du fait qu'elle est vécue dans la foi, c'est un « plus » qui enrichit la signification et la portée de l'événement en dépassant les limites humaines. Mais un mariage civil est certainement davantage que la simple cohabitation. Si en droit français le mariage religieux présuppose le mariage civil, cela illustre le fait que l'alliance d'un homme et d'une femme ne peut s'accomplir en référence à l'Alliance divine et en son sein (à un niveau que l'on peut qualifier de mystique) qu'à la condition de se réaliser aussi sur le plan existentiel – non seulement par la grâce du sacrement, non seulement dans la « consommation » charnelle, mais encore aux yeux la société à laquelle ils appartiennent.

Prenons le cas d'un couple de divorcés, l'un et l'autre baptisés, et qui se sont remariés. De ce que vous venez d'expliquer, peut-on déduire qu'ils sont mariés du point de vue de l'Église ?

Non, on ne peut pas se marier deux fois. Et pour une raison assez claire : c'est que, pour épouser quelqu'un, il faut être libre. Et le désir subjectif de faire quelque chose ne suffit pas à fonder la liberté de l'accomplir. Pour s'engager sans réserve vis-à-vis de quelqu'un de l'autre sexe, il faut d'abord ne pas s'être déjà lié avec une autre personne en promettant que c'était « pour toute la vie ». Celui ou celle qui est déjà marié n'est plus libre, au sens objectif où il ou elle n'est plus disponible. Bien sûr, ceci ne signifie pas qu'on serait prisonnier en restant, avec l'aide de Dieu, fidèle à l'engagement premier. Mais d'une certaine façon, on ne peut plus disposer de soi-même si l'on s'est offert entièrement et pour toujours et s'il y a eu réciprocité de surcroît. Ou alors, la parole donnée ne vaut plus grand-chose et la liberté ne rime plus avec la vérité mais se réduit à une soumission à l'arbitraire des désirs changeants.

Mais les baptisés qui divorcent et se remarient sont bien mari et femme ?

Certes, ils le sont du point de vue de la loi des hommes et de la société civile, ce qui n'est pas négligeable ni méprisable. Mais il ne peut pas y avoir de deuxième mariage chrétien tant que vit le conjoint auquel on s'est uni sacramentellement. Parce que le sacrement de mariage est plus qu'un contrat tout humain et donc renégociable. C'est un engagement où Dieu lui-même est partie prenante, et l'on sait que « ses dons et son appel sont sans repentance », comme le dit saint Paul[70].

Mais vous savez que beaucoup de chrétiens pensent que les divorcés-remariés sont rejetés.

Les remarques que je viens de faire ne constituent aucunement un jugement, un rejet et encore moins une condamnation des personnes. Jésus n'a pas hésité à se révéler comme le Messie devant la Samaritaine qui non seulement adorait Dieu à la manière approximative d'une population non juive, mais encore avait eu cinq maris et n'avait pas épousé l'homme avec lequel elle vivait[71]. Il s'agit simplement de reconnaître la spécificité du sacrement chrétien du mariage, qui n'est pas un droit automatique dont dispose à discrétion celui qui a envie d'y recourir, mais un don irréversible fait par Dieu. De même que l'amour de Dieu ne peut être découragé par les infidélités de ses élus, de même ceux qui ont reçu le sacrement de mariage ne peuvent pas changer de conjoint. Il est aussi impossible de se « démarier[72] » que d'être « débaptisé ». Et l'Église ne peut pas davantage remarier quelqu'un que le baptiser à nouveau. Elle n'a pas le pouvoir de défaire pour le refaire ensuite ce qui a été accompli par Dieu lui-même dans un sacrement.

Et pourtant, beaucoup de ceux qui se présentent à l'Église pour préparer leur mariage le font parce qu'ils se savent pris au sérieux par l'Église, mais sans relier explicitement cette démarche à leur baptême.

Il me semble que l'on voit aujourd'hui bien moins de jeunes qu'il y a quarante ans se marier à l'église par conformisme ou pour des raisons purement « esthétiques ». Les conventions familiales, sociales et culturelles ne sont plus les mêmes. Déjà le mariage civil est devenu pour beaucoup une option. A fortiori, le sacrement devant l'Église est à présent un choix que pratiquement aucune convenance ni aucune personne n'impose. Puisqu'un nombre important de couples ne se marient pas du tout, ceux qui vont échanger leurs consentements à la mairie exercent leur liberté, et plus encore ceux qui tiennent à le faire devant un prêtre ou un diacre. Lors de la préparation, ils sont invités à s'exprimer en vérité et à mesurer les responsabilités qu'ils assument.

Lorsque j'étais enfant, quand un garçon et une fille décidaient de vivre ensemble, il suffisait qu'ils passent à l'église un peu à l'avance pour prévenir qu'ils comptaient se dire « oui » tel jour. C'est ce que l'on retrouve de manière caricaturale dans les comédies classiques. Les noces sont décidées avant la tombée de la nuit et du rideau. Elles auront lieu immédiatement : triomphe final des amants sur tous les obstacles créés par la jalousie, les mesquineries ou les méprises. Le notaire et le curé accourent !

Il y a belle lurette que l'on fonctionne autrement, parce que le mariage n'est plus une formalité. Il repose sur la foi imprégnant la vie personnelle et collective.

Quels sont les points sur lesquels les fiancés doivent être au clair ?

Fondamentalement, les fiancés sont amenés à faire une déclaration d'intention après y avoir bien réfléchi. Il y a en effet, outre le baptême, trois conditions au mariage chrétien, qui se traduisent par autant de questions :

1. Est-ce librement que vous voulez épouser cette personne ?

2. Est-ce pour toute votre vie ?

3. Acceptez-vous d'avoir des enfants ?

Si les réponses sont positives, il s'agit de mettre en œuvre les ressources de la foi afin d'aider à la réalisation de ces décisions. Mais il faut que les futurs époux disent nettement et sincèrement que c'est cela qu'ils veulent. Il ne s'ensuit pas que tout réussira infailliblement. Les échecs ne signifient pas que les époux manquent de conviction au moment où ces promesses sont faites. Cependant, je l'ai déjà signalé[73], le prêtre qui prépare au mariage doit normalement recevoir les fiancés séparément afin de s'assurer que chacun des deux s'engage librement et consciemment envers l'autre et devant Dieu.

Puisqu'il y a un lien entre le baptême et le mariage, est-ce qu'un couple qui n'est pas marié religieusement peut faire baptiser ses enfants ?

Il n'y a pas de réponse simpliste à cette question. Lorsque des gens qui ne se sont pas mariés à l'église demandent le baptême pour leur enfant, il faut savoir pourquoi ils font cette démarche. La condition pour le baptême, c'est que les parents promettent que leur enfant sera instruit dans la foi de l'Église. Cet engagement repose normalement sur celui de leur mariage et en découle. Si ce lien fait défaut, on est amené à s'interroger – ce qui ne veut pas du tout dire répondre systématiquement « non », et pas davantage qu'il faille répondre mécaniquement « oui ». Si par exemple des divorcés remariés, eux-mêmes baptisés (ou du moins l'un des deux) souhaitent que leur enfant le soit aussi et assurent qu'il recevra une éducation chrétienne, il n'y a aucune raison pour ne pas baptiser cet enfant. Le baptême ne constitue pas une approbation du statut conjugal des parents. C'est un acte qui concerne le baptisé lui-même.

La cohabitation

Aujourd'hui, on constate que l'âge moyen du mariage ne cesse d'augmenter et que les jeunes se marient fréquemment au bout d'un certain temps de cohabitation. Est-ce signe de sagesse ou de prudence ?

Il est incontestable que l'on se marie en général plus tard que jadis. Il convient d'interpréter ce phénomène mais également de savoir si ce recul est bénéfique.

Le phénomène du vieillissement à l'entrée dans la vie conjugale s'explique d'abord par l'allongement des études et par la difficulté pour les jeunes à se stabiliser socialement, avec un emploi durable et un poste fixe qui n'oblige pas à changer sans arrêt de domicile. Quand une carrière de diplômé débute par des stages ou des affectations successives un peu partout en France, si ce n'est pas en Europe ou plus loin encore, on n'est pas près de fonder une famille, surtout si l'autre subit la même mobilité. On ne peut se marier que lorsque l'on peut s'installer en ménage de manière stable et avoir des enfants. Peut-être n'y réfléchit-on pas assez quand, tant du côté des employés que de celui des employeurs ou des législateurs, on laisse la priorité à des impératifs de rotation des personnels sous prétexte de productivité et de rentabilité.

De même, autrefois, quand des jeunes se mariaient, leurs parents cherchaient à les « établir ». Et chez les moins favorisés, que leurs familles ne pouvaient guère aider, les garçons et même souvent les filles commençaient à gagner leur vie bien avant d'avoir vingt ans. Autrement dit, il existait déjà un lien entre l'accès à des moyens d'existence autonome et la capacité de s'épanouir sur le plan personnel en se mariant et en ayant des enfants. Aujourd'hui, la stabilisation a en général lieu plus près de trente ans que de vingt, mais le phénomène demeure identique. Toutefois, contrairement à une illusion assez répandue, cela montre que l'on ne se marie pas quand on veut, quand on en envie, mais plutôt quand on peut, quand il devient possible de fonder un foyer.

Ceci étant dit, peut-on considérer que le recul de l'âge moyen du mariage, souvent aux alentours de trente ans, permet des décisions mieux mûries ? C'est le second aspect de la question, qui est d'ordre qualitatif et non plus quantitatif. Le décalage du mariage pour raisons socio-économiques ne peut pas retarder complètement l'émergence d'exigences affectives et sexuelles. D'où des unions provisoires, des expériences de type conjugal et le « mariage à l'essai ». Peut-on en conclure allègrement que, du coup, on se prépare mieux et que, si l'on s'engage le cas échéant, c'est à la fois sans risques et plus librement – au besoin après avoir procédé à des tests comparatifs avec plusieurs partenaires, comme si c'était pratiquement la même chose qu'acheter une voiture, sélectionner un opérateur multimédia ou adopter une marque de lessive ?

Sincèrement, je ne le pense pas. Un indice de ce que la vie commune avant les noces ne rend pas les plus unions plus durables est que sa banalisation ne fait pas baisser le taux des divorces – au contraire même. Nous en avons parlé précédemment, comme j'ai déjà évoqué aussi le fait qu'il est illusoire de s'imaginer que l'on peut expérimenter par avance une situation que l'on ne vit pas encore complètement[74].

Mais l'expérience de la vie à deux ne facilite-t-elle pas un engagement définitif?

Quand on est ensemble, le fait d'être marié change complètement la donne, que l'on en ait conscience ou non. Des jeunes qui sont en ménage depuis un certain temps peuvent être tous deux convaincus de tout savoir de l'autre et se sentir vraiment attachés. Reste qu'il n'y a rien entre eux de définitif. Une fois qu'ils sont mariés, leur relation n'est plus la même, parce que quelque chose a basculé : ils ont explicitement abandonné la possibilité de se séparer sans préavis ni formalité ou par négociation rapide et à l'amiable. Ils se sont donnés l'un à l'autre ; ils se sont liés. Les crises inévitables seront alors vécues différemment, car ce lien à la fois objectif et psychologique a des chances d'être reconnu comme plus fort que les tentations de reprendre son autonomie. Il se peut certes aussi qu'il vienne à être ressenti comme insupportable. Mais si la législation évolue de façon à rendre le divorce aussi facile qu'un changement de domicile, alors le mariage sera dévalué au point de ne plus présenter de spécificité ni d'intérêt par rapport à la cohabitation précaire.

En bref, la simulation précoce d'une vie stable à deux permet sans doute une connaissance mutuelle jusque dans le quotidien le plus trivial, un approfondissement des sentiments, la mise en place de moyens pour durer, etc., mais elle ne permet pas d'évaluer l'impact sur les rapports au sein du couple d'un engagement explicite et public. D'une certaine façon, tout mariage est un pari – ou plutôt un acte de foi, comme tout don de soi d'ailleurs et comme tout projet d'envergure. Attendre indéfiniment ou ébaucher sans accomplir afin de diminuer le risque au maximum avant de faire le pas décisif, c'est peut-être plus timoré ou velléitaire que véritablement sage.

Comment aider les jeunes couples décidés à durer dans un monde où rien ne paraît stable et où il est même de bon ton de remettre tous les acquis perpétuellement en question ?

Vous mettez le doigt sur un problème très sérieux. Aujourd'hui, les contraintes professionnelles pèsent sur la vie de couple bien au-delà de la période du mariage. Les activités culturelles et de loisirs, qui ne sont pas forcément pratiquées à deux, peuvent aussi manger du temps, nuire au partage, à la communion entre les époux et à leur coopération dans l'éducation des enfants. Il en va de même avec les engagements associatifs et altruistes.

Face à la multiplicité des sollicitations, je crois qu'il faut être lucide et conscient qu'il y a des choix à réfléchir et à faire en commun. Par exemple, la réussite d'une carrière est un objectif important pour le développement de la personnalité ; mais elle peut requérir des investissements assez lourds, avec une disponibilité qui empêche d'être présent dans la famille et auprès de son conjoint. Il n'est pas besoin d'être ambitieux pour être affronté à ce genre de dilemme : il arrive que deux enseignants mariés soient nommés chacun à un bout du même département ; dans une grande entreprise ou une administration, une promotion peut être automatiquement liée à une mutation, qui va, au moins provisoirement, séparer le couple, puisque l'autre travaille ailleurs et que deux salaires sont nécessaires.

Dans ces conditions, les échanges entre les époux deviennent rares et trop rapides, si bien qu'il est possible qu'au bout de quelques mois ou de quelques années de ce régime, les époux se découvrent étrangers l'un à l'autre, s'aperçoivent qu'ils vivent dans des univers différents et n'ont plus rien à se dire. Et nous savons que ces situations affectent les enfants, qui finissent par se sentir sans père ou sans mère.

C'est, si possible, *avant* de se trouver confrontés à ce genre de situation qu'il faut réfléchir ensemble et hiérarchiser les priorités. Le défi d'un éloignement provisoire peut être relevé et servir à fortifier le couple et cimenter l'unité familiale si chacun est en mesure d'assumer la responsabilité qui lui revient dans cette hypothèse. Il existe des couples qui sont stimulés par les tensions et les obstacles. Cependant, c'est loin d'être le cas de tous. On peut estimer que la famille ou tel de ses membres n'est pas assez costaud pour affronter ces risques et qu'il vaut mieux renoncer à les prendre afin de ne pas compromettre l'avenir commun. Mais il faut du coup que le sacrifice de ce qui aurait constitué un « plus » pour un des parents soit soutenu, partagé et compensé autant que faire se peut par le conjoint et même par les enfants.

Autrement dit, lorsque survient une mise à l'épreuve – épreuve qui n'est pas forcément subie (comme un accident ou une maladie) et peut être voulue parce qu'elle représente en un sens une chance –, il convient de hiérarchiser, en concertation avec tous ceux qui sont concernés, les opportunités et les projets, de situer et d'intégrer la nouvelle donne sur le long terme, en fonction des engagements déjà pris et des ambitions les plus hautes. Il s'agit de déterminer ce que l'on veut le plus et ce que l'on peut, en choisissant les moyens appropriés pour poursuivre les objectifs reconnus majeurs. À cet égard, il ne faut pas avoir peur de prier et de demander à Dieu d'être éclairé, en se rappelant que les exigences les plus nobles et en même temps les plus fructueuses sont celles de l'amour – d'abord entre les époux, puis entre parents et enfants, puis, à partir de là, dans tout l'environnement social et humain.

Pourquoi, selon vous, les gens sont-ils enclins de nos jours à se surinvestir dans leur vie professionnelle plutôt que dans leur couple et leur famille ?

Peut-être parce que l'on a du mal à admettre que le mariage et l'éducation des enfants exigent une stratégie réfléchie et consomment de l'énergie, alors que cela paraît évident lorsqu'il s'agit de faire carrière. La famille est généralement conçue comme un lieu de détente et de spontanéité, où il suffit de se laisser aller pour que tout aille bien. Il est tentant de compenser le *stress* du métier par une dérégulation dans le domaine privé. Plus la vie extérieure est dure et moins on supporte de contraintes dans l'intimité du foyer. Quand on rentre nerveusement épuisé de son travail, on a d'abord envie de se détendre, de trouver des réponses à ses besoins affectifs, d'être dorloté, et non de découvrir de nouveaux problèmes à affronter. Si le conjoint fait part d'un tracas, la tentation est de dire : « Plus tard, une autre fois... J'ai d'autres soucis. Ce serait trop long à expliquer et d'ailleurs tu ne peux rien y faire. Je préférerais qu'on me fiche la paix ce soir » – c'est-à-dire qu'on fasse comme si tout ne pouvait être que calme et harmonie dans le refuge du foyer...

C'est en soi compréhensible, mais c'est ainsi que le lien conjugal se détricote imperceptiblement, car chacun des époux est obnubilé par la difficulté qu'il ne sait comment résoudre. Ils ne sont donc plus en synchronie. Ils ne sont plus en train d'essayer de construire quelque chose ensemble. Pour garder une cohésion et un but commun, il faut prendre le temps de parler, de s'écouter mutuellement, d'échanger et de chercher comment gérer les imprévus en gardant le cap défini et tenu à deux jusqu'à présent. Tout cela ne se fait pas naturellement, sans qu'on y pense ni qu'on fasse le moindre effort.

Amour et sexualité

Vous avez mentionné tout à l'heure les « exigences affectives et sexuelles » qui se manifestent aujourd'hui chez les jeunes bien avant qu'ils soient en mesure de fonder une famille. Est-ce que, malgré la généralisation de la cohabitation juvénile et le fait que l'activité sexuelle tend désormais à être considérée comme un droit, l'Église préconise toujours la virginité avant le mariage ?

Pour ma part, je ne pense pas que ce soit l'Église qui se crispe sur la virginité avant le mariage. Ce serait plutôt, à mon sens, un certain type de société qui sacralise le fait que le mari doit être indubitablement le père de l'enfant que son épouse met au monde. Si elle arrive vierge à ses noces, c'est une garantie : elle n'a été la femme de personne d'autre. De nos jours où, comme vous le relevez, la virginité est plutôt en passe d'être une « anomalie » à partir d'un certain âge, la pression sociale joue de manière obsessionnelle en sens contraire. Ce dernier cas de figure n'est évidemment pas l'idéal chrétien, mais le premier non plus, avec sa fixation asymétrique sur la pureté des filles.

L'Église dit simplement que la plénitude d'une relation sexuelle suppose la stabilité d'un lien personnel et réciproque. Dans cette perspective, les expériences prétendument initiatiques et ce que l'on appelle le « vagabondage » entre des partenaires de rencontre soi-disant pour faire comme tout le monde s'avèrent n'avoir rien d'épanouissant. Ce ne sont pas des rapports qui construisent quelque chose. Une relation satisfaisante requiert un engagement mutuel et total, dans un cadre qui ne se limite pas à l'activité sexuelle mais lui donne tout son sens et n'a pas de meilleur nom que « le mariage ».

Vous trouvez qu'on accorde trop d'importance au sexe ?

Non, car on pourrait tout aussi bien argumenter qu'en le banalisant, on ne lui en reconnaît pas assez. En effet, bien que l'attrait mutuel ne soit en général pas immédiatement ressenti avec la même intensité de part et d'autre, il est encouragé, voire incité par la culture ambiante à s'exprimer très vite dans un rapport sexuel. Mais une relation vraiment personnelle ne peut guère se nouer par là. Le don total de soi est plutôt une forme d'aboutissement ou de couronnement d'un processus que des instincts ou des conformismes sont impuissants à mener à leur terme, parce que les êtres humains ne sont pas des « animaux-machines ». Coucher tout de suite ensemble ne crée pas infailliblement des liens profonds et revient à tenter de dissocier le corps de ce que l'on peut appeler l'âme ou le cœur, ou encore les sentiments et la psychologie.

La question est de savoir si les rapports sexuels dès l'adolescence sont sans conséquence. C'est ce que semble présupposer l'éducation qui est actuellement dispensée. Elle est centrée sur la prophylaxie, c'est-à-dire la prévention des maladies transmissibles et des grossesses. Les jeunes sont donc amenés à conclure que l'on peut faire n'importe quoi pourvu qu'on n'attrape pas le sida et que la fille ne tombe pas enceinte. Mais l'activité sexuelle n'est pas un jeu innocent où le plaisir serait garanti à la seule condition de participer. Ce n'est pas non plus assimilable à un sport émotionnellement neutre et recommandé pour la santé : un tel rapprochement ne tient pas la route. D'ailleurs, pour ce qui concerne le sport, on nous rebat les oreilles avec l'importance du mental, voire de l'ascèse, chez les athlètes, même amateurs.

Le corps ne fonctionne pas tout seul. L'affirmer serait ramener la sexualité humaine au rang des instincts qui gouvernent les comportements animaux, en niant ce qui l'en distingue et que reconnaissent la culture et la raison : à la différence de la reproduction animale, l'union de l'homme et de la femme n'est pas commandée par la seule nécessité de la procréation ; elle peut être le lieu de l'amour poussé jusqu'au don total de soi. Il existe aujourd'hui un courant de pensée qui tire une anthropologie philosophique (au total peu exaltante) de théories scientifiques comme celle de l'évolution. C'est à ce niveau que se situe le vrai débat et c'est un enjeu pour la civilisation. Car l'hypothèse non critiquée que la sexualité est une dimension de l'existence humaine qui peut et même doit se développer indépendamment de toutes les autres obère évidemment l'idée que l'on se fait du mariage, de la famille et donc de l'avenir. Si un homme et une femme sont simplement appelés à repartir chacun de son côté après avoir couché ensemble et si tout prolongement (y compris des enfants) est un accident qu'il vaut mieux éviter afin de pouvoir recommencer impunément, le cas échéant avec quelqu'un d'autre, alors s'épouser devient inutile. Et la question capitale du renouvellement des générations est abandonnée à la collectivité qui n'aura pas les moyens de l'assurer, ou conditionnée par l'arrivée massive de nouveaux venus qui n'ont nécessairement pas la même culture, ce qui pose tout de même quelques problèmes d'intégration et d'identité.

Pour l'Église, mais aussi pour toute la tradition occidentale et même pour la sagesse immémoriale de l'humanité, la sexualité est au contraire une composante, certes importante et indéniable, mais pas unique ni suffisante ni isolable de l'union que peuvent vivre un homme et une femme. L'accouplement charnel y a sa place, mais n'occupe pas toute la place. Il enrichit les autres échanges et en reçoit une plénitude qu'il ne peut assurer seul. Il est un des éléments – essentiel mais parmi d'autres – d'une relation entre deux personnes qui s'engagent totalement, à travers toutes les dimensions de leur être.

Mais l'expérience, elle aussi immémoriale, donne à penser que les pulsions sexuelles peuvent s'avérer irrésistibles, et qu'à côté du mariage, il y a toujours eu des infidélités ou en tout cas des tentations.

C'est aujourd'hui une idée reçue que les pulsions sexuelles constituent un besoin qu'il serait malsain de contrôler ou de « refouler ». Pourtant l'exigence d'activité sexuelle ne correspond pas à une nécessité immédiatement vitale. Si l'on ne respire pas, on meurt. Si l'on cesse de se nourrir, on dépérit. Mais si l'on refrène une envie de relation sexuelle, on survit très bien. Et ensuite, c'est une innovation périlleuse parce que, dans la culture plurimillénaire et sous tous les climats, la sexualité hors mariage a les charmes vénéneux de la transgression. Or on tend actuellement à en faire une norme – le critère de l'accession à la maturité et à la liberté adulte – tout en prétendant conserver l'irresponsabilité joyeuse de la jeunesse.

C'est d'autant plus paradoxal que, depuis plusieurs siècles dans notre société, toute une réflexion conduite par la littérature[75] puis la psychanalyse[76] s'est attachée à montrer que l'amour humain est d'une complexité qui dépasse vertigineusement l'exercice de la sexualité dans la nature. Nous voyons qu'il est plutôt une relation culturelle, construite, aux retentissements multiples, quelque chose qui n'est pas seulement charnel mais implique la personne tout entière et a de surcroît des répercussions impossibles à ignorer sur l'entourage et dans l'environnement social.

L'histoire de Roméo et de Juliette selon Shakespeare est exemplaire. Ils voudraient bien être seuls au monde, sans leurs parents respectifs dont l'inimitié les empêche de s'unir. Leur amour ne concerne donc pas qu'eux. Mais aussi et surtout, l'histoire montre comment il les transforme l'un et l'autre *avant* qu'ils ne deviennent mari et femme. Dans la fameuse scène du balcon, Juliette recrée l'identité de Roméo en lui demandant de renoncer à son nom pour n'être plus que celui qu'elle aime. Elle l'oblige encore à laisser tomber la rhétorique creuse et ridicule dans laquelle il s'emmêlait et à « parler vrai », tandis qu'elle-même s'interroge pour savoir jusqu'à quel point elle doit manifester son désir de se donner entièrement à lui, de peur de paraître une fille facile. De fait, si elle lui cédait immédiatement, il pourrait repartir, la chose pourrait être cachée aux parents et cette liaison pourrait ne pas se poursuivre et n'intéresser bientôt plus personne[77].

Sous peine de tomber dans une insignifiance destructrice, le sexe ne peut donc guère constituer une fin en soi, même par intermittence et de façon ludique. Et cela précisément en raison de son importance, puisqu'il est lié non seulement à la vie et à sa transmission au niveau biologique, mais encore à ce qui fait la spécificité et la dignité de l'espèce humaine, à savoir la capacité de se donner entièrement et gratuitement, avec une fécondité qui transcende les limites de la chair sans pour autant l'ignorer ni la mépriser. C'est pourquoi je disais qu'en banalisant la sexualité, on passe à côté de son importance.

IV

Avoir des enfants

Accueillir la vie

Un couple catholique peut-il refuser d'avoir des enfants ? Et inversement, peut-il se résigner à en être privé s'il s'avère stérile ?

Ce sont des problèmes qui ne concernent pas seulement ceux qui se sont mariés à l'église, mais tous les couples, croyants ou non, chrétiens et non-chrétiens. La question est en effet de savoir si l'union de l'homme et de la femme atteint sa plénitude dans la procréation ou si le fait d'avoir des enfants n'apporte rien de plus. Un huis clos peut-il suffire indéfiniment au bonheur des partenaires ? Et s'ils ont le sentiment même diffus que leur amour est bien appelé à se développer en prenant cette nouvelle dimension, comment gérer la frustration dans le cas où cela leur est refusé ?

Il n'y a pas de « droit à l'enfant ». Un enfant est toujours un don. Découvrir qu'on en sera privé est assurément une épreuve très lourde, qui oblige le couple et chacun des époux à chercher de nouveau leur vocation. L'adoption est une possibilité, mais elle ne peut être vécue comme une solution toute faite et infaillible. Les époux peuvent s'orienter dans cette direction pour devenir parents ou bien découvrir dans un autre type de vie ou d'activité sociale un mode de partage de l'amour qui les unit. Ce cheminement n'est pas impossible ! Du point de vue psychologique, c'est un processus reconnu : quand une voie est bloquée, l'énergie inutilisée en cherche une autre pour s'y réinvestir et en général la trouve. De plus, la vie chrétienne et les dons de la grâce aident à traverser toutes les situations et aussi à faire évoluer nos projets. Entre le rêve de l'adolescente qui se voit mère de quatre enfants et ce qui se réalise concrètement, il y a plusieurs étapes où les intentions sont la plupart du temps révisées en fonction d'éléments imprévus. Cela ne veut pas dire que ce soit facile. Il faut un dialogue construit, patient, suivi entre les époux. Mais la stérilité ne condamne pas à l'impuissance passive ou au désespoir.

Nous avions dit que l'accueil de la vie faisait partie du mariage sacramentel.

En effet, la tentation majeure actuellement est sans doute de concevoir le couple et la sexualité exclusivement ou prioritairement sous l'angle de la satisfaction mutuelle et immédiate, sans accepter la perspective de l'avenir et donc en préférant rester en circuit fermé. C'est la raison pour laquelle la déclaration d'intention préalable au mariage chrétien comporte l'engagement par les futurs époux d'accueillir la vie – ce qui n'est pas une parole en l'air, mais signifie très concrètement qu'ils s'inscrivent dans une logique où des naissances dans leur foyer ne seront pas considérées comme des accidents neutres ou fâcheux, mais comme autant de bénédictions.

Comme souligné précédemment, nombre de couples se marient parce qu'ils veulent avoir des enfants ou parce qu'ils en ont déjà[78]. Il me semble que l'on peut en déduire que, quoi qu'on dise, la relation entre le mariage et la procréation n'est pas imposée par un certain conformisme. Les gens perçoivent bien d'instinct que la responsabilité de parents exige, dans l'intérêt même des enfants, que leur père et leur mère soient réciproquement liés.

On parle tout de même de familles monoparentales…

Il existe bien sûr des personnes célibataires qui élèvent un enfant, voire plusieurs, sans l'aide d'un conjoint. Mais ce sont des cas très particuliers dont les motivations sont fort variées – depuis le parti-pris idéologique contre les structures sociales traditionnelles jusqu'à la compensation à la solitude, en passant par le cas plus classique de célibataires qui prennent en charge des enfants d'amis ou de membres décédés de leur famille. L'éducation « monoparentale » est le plus souvent subie et non pas choisie, lorsqu'une personne s'occupe seule de ses enfants parce qu'elle est veuve ou abandonnée par son conjoint ou le père de son enfant. Il y a donc des exceptions, et qui ne sont pas toutes nouvelles d'ailleurs.

Si quelqu'un dissocie mariage et procréation en disant qu'il veut bien se marier mais ne veut pas avoir des enfants avec son conjoint, je suis convaincu qu'il n'a pas pris la mesure de ce qu'il voulait faire et qu'il ferait mieux de s'abstenir. Bien sûr, s'il tient à tout prix à la célébration publique du mariage et qu'il n'exprime pas tout ce qu'il pense, le prêtre ne pourra le deviner.

Mais le mariage n'est pas simplement un moyen de s'assurer une vie de complaisance réciproque. L'engagement comporte l'acceptation d'une ouverture – non pas comme un devoir, mais comme une chance.

De toute façon, on peut choisir le moment d'une naissance…

Un couple peut retarder le moment où il deviendra fécond, en raison des contraintes de la vie professionnelle ou de la santé de l'un ou de l'autre, mais s'il décrète : « Jamais », c'est une union qui se referme sur elle-même et qui n'a pas d'avenir ni de sens au-delà du temps qu'elle pourra durer. Trois éléments sont intimement liés dans un mariage. Ils correspondent aux promesses que l'Église demande aux fiancés de faire : le don de soi, la responsabilité mutuelle et le désir d'enfanter[79]. Si tout bébé est déclaré indésirable, le résultat est le même que si l'engagement de chacun des époux vis-à-vis de l'autre n'était pas total et comportait une réserve : cette union-là est fragilisée d'avance parce que sa pleine réalisation est exclue.

Est-ce pour cela que l'Église refuse la contraception dans le couple marié ?

Oui, il y a une légitimité à décider du bon moment d'accueillir un enfant, mais la méthode alors utilisée n'est pas indifférente et mérite une sérieuse réflexion entre les époux, qui ne fasse pas reposer sur la seule femme la gestion de la fécondité. Que signifient les diverses méthodes, les moyens contraceptifs ou les moyens naturels de contrôle des naissances, au regard du projet et de la vocation du couple ? La ligature des trompes, qui est irréversible, ou la vasectomie, qui risque fort de l'être, sont des décisions graves. Faut-il aussi rappeler ici que l'avortement n'est pas un mode de contraception ?

La stérilité vaincue ?

Que penser de la P.M.A. (procréation médicalement assistée) ?

Pour une première approche de ces pratiques aussi complexes que séduisantes à première vue, je me référerai au biologiste Jacques Testart. C'est lui qui, avec le gynécologue René Frydman, a contribué en 1982 à la naissance d'Amandine, le premier « bébé-éprouvette » en France[80]. Or le professeur Testart n'a pas tardé à alerter l'opinion sur les sérieux problèmes soulevés par cette technique, dans deux livres publiés peu après[81]. J'en ai retenu qu'une intervention active dans la gestation des mammifères en général et des humains en particulier ne conduit pas simplement à faciliter ou simplement permettre la procréation de l'extérieur, mais revient à la manipuler de l'intérieur, avec la possibilité et donc la tentation de choisir et d'éliminer ce qui ne convient pas – en un mot de faire de l'eugénisme[82].

L'eugénisme rejoint ce que tous les racismes ont de pire. Aldous Huxley a mis en garde contre cette pratique dans *Le meilleur des mondes*[83]. C'est pourquoi le professeur Testart s'est désengagé de ce projet. On s'en est étonné à l'époque, en demandant où était le problème. Mais aujourd'hui, nous constatons bien que, de façon désormais routinière, on trie les embryons de façon à ne « cultiver » que les meilleurs en écartant tout ce qui est suspect. Il n'y a pas d'autre nom pour cette pratique que celui d'eugénisme. Est-il possible de procéder à une fécondation *in vitro* sans céder à la tentation de prédéterminer quel type d'être humain on veut fabriquer et donc sans redéfinir l'humanité et se mettre à la refaçonner à son gré ? Mais dans quel but, au nom de quel « mieux » et avec quelles conséquences ? On est en droit d'interroger et de supplier que l'on réfléchisse, et même de s'inquiéter quand on est conscient des monstruosités qu'ont régulièrement produites les entreprises de ce genre.

La question se pose même s'il n'y a pas de sélection en fonction de critères génétiques (concernant le sexe, la morphologie, le quotient intellectuel, etc.). En effet, les techniques requièrent la création d'une multiplicité d'embryons, parce que toutes les tentatives de fécondation n'aboutissent pas et que le développement du fœtus peut s'interrompre ou dévier. Pour réussir, il faut donc avoir des réserves. Mais lorsque l'enfant désiré est né, on ne sait que faire des embryons inutilisés. Je me suis laissé dire qu'il y avait ainsi en France quelque 150 000 embryons humains en attente indéterminée dans des congélateurs – l'équivalent de la population d'une ville comme Aix-en-Provence…

Il y a le débat autour de l'anonymat ou non des donneurs…

Il est difficile de savoir comment s'établissent les liens de parenté. Si un adolescent doute que l'homme et la femme qui l'élèvent soient ses « géniteurs » ou apprend qu'ils ne le sont pas, s'il découvre soudain qu'il ne saura jamais qui étaient son « vrai » père et sa

« vraie » mère, quels seront les effets sur son développement psychologique ? On voit depuis longtemps les difficultés que cela peut parfois créer en cas d'adoption lorsque la vérité est révélée, quels que soient les trésors d'amour prodigués par les parents nourriciers et l'humble délicatesse avec laquelle ils présentent les choses.

Dans le cas des « procréations assistées », on envisage aujourd'hui une législation basée sur un droit de chacun à l'accès de ses origines. Mais les procédures aussi bien techniques que juridiques et morales ne peuvent pas assurer ce droit. En effet, au nom des libertés les plus élémentaires et afin de ne pas décourager les donateurs potentiels de gamètes[84], il n'est pas question de contraindre ceux-ci à laisser enregistrer leur identité a priori ni à la fournir a posteriori, si bien qu'il n'existe en réalité aucune garantie que ce droit pourra jamais être exercé sur simple demande – sans parler de la possibilité d'erreurs de manipulation en laboratoire ou de gestion des fichiers d'informations. Ce conflit entre les désirs légitimes des enfants et le refus des « donneurs » de dévoiler leur identité montre que la procréation médicalement assistée engage dans une impasse dont il faudra bien sortir un jour.

Est-ce la raison pour laquelle l'Église n'encourage pas ces solutions pour les couples qui veulent des enfants mais ne peuvent pas en avoir ?

La principale raison est que toute intervention de l'extérieur dissocie l'acte procréateur de l'union entre l'homme et la femme.

Quand ce sont des gens mariés qui ont recours à la P.M.A., pourquoi dire qu'ils feraient mieux de s'abstenir, surtout si on utilise leurs propres gamètes ? Il s'agit seulement de remédier à un dysfonctionnement. Si c'est possible, pourquoi s'en priver ?

Parce que, là encore, il y a une immixtion de tiers à l'intérieur du couple. L'enfant ne sera plus uniquement le fruit de leur amour, lequel ne se limite pas à des sentiments réciproques accompagnés d'une envie partagée d'être parents, mais a également une dimension charnelle. Dans l'union sexuelle s'exprime et se nourrit, de part et d'autre, un engagement total qui peut s'épanouir au-delà de lui-même dans la fécondité, à condition que celle-ci ne soit pas esquivée, mais aussi pourvu qu'elle ne soit pas isolée comme une fin en soi. En disant cela, l'Église prend tout simplement les relations conjugales au sérieux. L'union sexuelle des époux n'est ni une activité plaisante, ni une formalité dont on pourrait se dispenser en cas de besoin à condition d'en avoir les moyens. Elle est un aspect absolument essentiel et vital de l'union entre l'homme et la femme dans le mariage, et de l'avenir de l'humanité.

L'adoption

Si l'on applique la même logique à l'adoption, faut-il conclure qu'il vaut mieux s'abstenir de prendre chez soi des enfants que l'on n'a pas procréés soi-même ?

Non, car on se situe alors délibérément dans une autre logique, qui est celle de la substitution. Il ne s'agit pas uniquement de remplacer les enfants qu'on ne peut pas avoir soi-même par d'autres que l'on peut recueillir ; il s'agit surtout de remplacer les parents d'enfants qui ont été abandonnés pour une raison ou pour une autre. Autrement dit, la démarche n'est pas fondamentalement égocentrique. Elle est généreuse en ce qu'elle ne consiste pas à fabriquer des objets pour satisfaire un désir, mais à répondre aux besoins de petits qui existent déjà. Ce n'est cependant pas toujours si facile, je viens de l'évoquer. Mais, au moins pour le père et la mère adoptifs, il est clair dès le départ que ces enfants ne sont pas génétiquement les leurs et qu'ils se sont mis à leur service.

Quand un couple se porte candidat à l'adoption, on lui demande s'il a fait tout ce qui était médicalement possible pour avoir des enfants et de produire en quelque sorte un certificat de stérilité incurable. Est-ce normal ?

Si l'on reconnaît qu'il est préférable d'avoir les enfants que l'on peut engendrer, il ne me paraît pas malsain de recommander aux gens qui veulent adopter de s'assurer que leur problème de stérilité ne peut pas être résolu et de vérifier qu'ils ont au minimum essayé. Reste à savoir comment ce principe est appliqué. Si c'est pour pousser à la P.M.A., c'est tout à fait abusif, car rien ne justifie qu'on la privilégie par rapport à l'adoption. D'ailleurs, en dehors de toute considération éthique ou anthropologique, le « parcours du combattant » pour obtenir la naissance ou la garde d'un enfant est peut-être plus éprouvant encore dans le cas d'une procédure entièrement médicalisée que dans celui de démarches auprès des services d'aide sociale.

Combien d'enfants ?

Il y a aussi la question du nombre d'enfants que l'on peut avoir. L'Église semble laisser entendre qu'il n'y a pas de limite, que c'est une question d'ouverture, de générosité, que l'optimum est largement au-dessus de la moyenne. Il y a l'image caricaturale de la famille catholique, avec des parents traînant une ribambelle de gamins de tous les âges, les aînés prenant en charge les plus jeunes... Ça ne fait pas forcément envie à tout le monde !

Il est clair que le nombre des enfants est lié aux conditions de vie. Il y a encore cinquante ans, les familles de quatre, cinq enfants ou plus n'étaient pas rares à la campagne. Mais ce n'était plus le cas dans les villes dès le XIXe siècle. La taille des logements, les contraintes professionnelles, les offres d'activités culturelles et de loisir et jusqu'à l'habitabilité de la voiture désormais indispensable pèsent sur les choix quand il s'agit d'envisager une nouvelle naissance.

Existe-t-il un nombre optimal d'enfants pour une famille catholique ? Je ne le pense pas. Ce qui compte, c'est l'investissement d'amour qui sous-tend la procréation. Avoir de nombreux des enfants n'est pas un but en soi. L'objectif est plutôt le développement d'une relation qui s'épanouit en fécondité et l'expression d'une confiance en l'avenir. Je n'entends pas par là un certain optimisme sur l'évolution du monde actuel, mais la conviction intime qu'il vaut la peine de transmettre le meilleur de ce que l'on a reçu et vécu.

Il y a donc des questions qu'un couple est amené à se poser sur ses orientations, sur les objectifs qu'il peut assumer. Il est vrai que la vie n'est pas la même quand on a trois ou quatre enfants et lorsqu'on n'en a qu'un ou deux, et a fortiori lorsqu'on n'en a pas du tout. Il n'y a pas de chiffre idéal, établi une fois pour toutes ; il y a des décisions à mûrir ensemble puis à porter en commun.

De nos jours, la contraception aussi joue un rôle important, quand il s'agit d'éviter d'avoir des enfants dont on ne pourrait pas assumer l'éducation.

De fait, la maîtrise de la procréation est plus généralisée aujourd'hui chez nous qu'elle ne l'a jamais été. Mais cela pousse à considérer qu'il n'y a plus à s'inquiéter d'une grossesse non programmée, et que l'on a tout pouvoir pour éliminer les difficultés. Or il y a en France plus de 200 000 avortements par an. Cela veut dire deux choses. Premièrement que la société donne tacitement à l'individu un pouvoir discrétionnaire sur l'enfant à naître et qu'il n'est pas reconnu comme un don qui peut dépasser le désir. Dès lors, la possibilité de le refuser quand il est déjà là en fait un embarras déclaré aussi mineur qu'une pathologie bénigne, alors qu'il s'agit non pas d'un microbe malfaisant mais d'un être humain en devenir, riche de virtualités imprévisibles.

Deuxièmement, ce chiffre signifie que la contraception ne fonctionne pas si bien qu'on voudrait le croire. Comment se fait-il que, plus de quarante ans après la mise à disposition de la pilule, le nombre des « interruptions volontaires de grossesse » reste aussi élevé ? L'hypothèse était que la régulation des naissances par des moyens techniques permettrait d'éviter le meurtre hideux d'innocents. Le moins que l'on puisse dire est que le pari n'est pas gagné !

Si l'on essaye d'aller plus loin, on s'aperçoit que le contrôle de la fécondité suppose l'exercice d'une responsabilité. Cependant, la disponibilité de procédés censés remédier à toutes les faiblesses ou étourderies donne au contraire le sentiment qu'aucune contrainte n'est nécessaire ni même utile. On se marche donc sur les pieds en promouvant des méthodes qui créent une illusion d'impunité pour des actes irréfléchis et irresponsables, alors que leur pratique requiert des choix qui méritent d'être réfléchis et exigent une certaine rigueur.

V

Éduquer

Construire la liberté de l'enfant

Dans l'éducation des enfants, comment exercer une autorité tout en respectant leur liberté ? Comment reconnaître leur autonomie et leurs particularités tout en leur transmettant des idéaux et des règles ? Comment déterminer où il faut s'arrêter pour ne pas leur imposer nos manières de voir et de faire ?

Le problème n'est pas le même selon qu'il s'agit d'un enfant qui sait à peine parler, d'un écolier, d'un adolescent ou d'un grand étudiant. Ce que l'on peut dire dans tous les cas, c'est que l'objectif principal de l'éducation est de donner les moyens de la liberté, c'est-à-dire de permettre à un jeune d'acquérir des capacités de jugement, de décision et d'indépendance. Les pédagogies à mettre en œuvre varieront donc selon l'âge, mais aussi en fonction des tempéraments : il y a des rebelles et des dociles, des agités et des calmes, des confiants et des cachottiers, des bavards et des taciturnes, des rêveurs et des esprits pratiques…

Éduquer à la liberté, c'est d'abord veiller à présenter régulièrement les choix à faire, en disant de manière adaptée et proportionnée : « Ça, c'est quelque chose qui dépend de toi ». L'enfant n'a évidemment pas la maîtrise de son existence. Il n'est pas libre de décréter en se levant qu'il n'ira pas à l'école, ni de manger à sa guise entre les repas en famille ou de ne pas y venir, ni de décider lui-même, alors qu'il ne sait pas encore gérer le temps, du moment de se coucher et d'éteindre la lumière. Il doit donc apprendre qu'il y a des « lois » à respecter. Mais il doit aussi prendre conscience que, dans son existence, tout n'est pas réglé d'avance et qu'il fait quotidiennement des choix – par exemple en prenant tel jouet plutôt que tel autre, en répondant ou non aux sollicitations de ses premiers camarades de classe, etc. Il développe ainsi peu à peu une capacité d'évaluation et de jugement sur laquelle se fondent les décisions qu'il prend. Le dialogue avec ses parents peut l'aider à asseoir ses options sur une réflexion, c'est-à-dire à passer progressivement de réactions impulsives à l'usage de la raison et à l'exercice d'une véritable liberté.

Nous-mêmes, parents, nous ne savons pas toujours ce qui est « le mieux » pour lui…

La question est de savoir ce qui peut contribuer à cette formation du jugement. Sans doute d'abord la confiance que l'enfant peut avoir en l'amour de ses parents. L'intuition qu'ils veulent son bien lui donnera la sécurité et la sérénité dont il a besoin pour déterminer ses préférences en renonçant à d'autres possibilités. Vraisemblablement viendra à l'adolescence une période de doute et de contestation où tout ce que proposent les parents pourra être rejeté a priori. C'est une phase prévisible, même si elle n'est pas fatale, de l'affirmation de soi, et c'est alors une épreuve pour l'amour des parents.

Si crise il y a, ceux-ci ne doivent surtout pas se considérer comme trahis ni se laisser prendre au piège des provocations. Il leur faut au contraire découvrir la patience. C'est pour eux un approfondissement : ils apprennent qu'aimer ne veut pas dire attendre d'être payé de retour et se plaindre d'ingratitude. La gratification des parents ne peut pas venir uniquement de ce qu'ils reçoivent de leurs enfants. Leur bonheur et leur fierté viennent d'abord du sentiment d'avoir donné le meilleur d'eux-mêmes, voire plus et mieux que ce qu'ils ont fait pour eux-mêmes, lorsque leurs enfants les ont amenés à dépasser leurs propres limites et à aller plus loin qu'ils ne pensaient en être capables.

Que peut-on répondre à des parents qui disent : « Je ne fais pas baptiser mon enfant. C'est lui qui choisira quand il sera en âge de le faire, de discerner ce qui est bon pour lui et de décider s'il a la foi ou non ».

Refuser de faire baptiser son enfant n'est pas moins un choix que le faire baptiser. C'est d'ailleurs une option bien plus restrictive que celle de demander pour lui le sacrement. En effet, celui-ci lui donne part au mystère du Christ et l'ouvre à une vie qui n'est plus seulement la vie biologique. Le baptême n'entrave en rien sa nécessaire liberté d'adhésion personnelle. Au contraire : lorsqu'il sera en mesure de l'exercer, l'information reçue dans la catéchèse que les parents s'engagent à assurer ou à permettre lui donnera les éléments d'une décision. Différer le baptême d'un enfant pour lui permettre de le réclamer lui-même si l'envie l'en prend revient en effet à imaginer que la foi est un truc arbitraire et magique, qui tombe par hasard comme une poussière d'étoile sur certaines têtes mais pas sur d'autres et dans lequel l'éducation ne joue aucun rôle. On peut penser ainsi, mais qu'on ne prétende pas alors laisser l'enfant choisir, puisqu'on le contraint d'avance à subir cette opinion. On s'interdit de l'accompagner dans la découverte de la foi et on lui donne des chances nettement réduites d'y avoir simplement accès et de prendre position en connaissance de cause.

Les histoires d'adultes sont complexes, et souvent les parents ne font pas le choix du baptême dès la naissance parce qu'ils ne sont pas très à l'aise avec l'Église.

Invoquer la liberté de l'enfant pour lui refuser le baptême à sa naissance, ce n'est pas sérieux. Il serait plus lucide de reconnaître franchement que l'on a soi-même une expérience négative de la pratique religieuse et d'avouer que l'on a du mal à imaginer que son fils ou sa fille puisse y découvrir autre chose. C'est là un droit qu'il convient de respecter, mais cela ne construit pas une véritable autonomie puisqu'on calque le développement de son enfant sur sa propre histoire. Ceux qui tiennent ce genre de discours viennent souvent de familles chrétiennes dont ils ont mal assumé l'héritage spirituel. Ils saturent leur progéniture de leur problème dans le vague espoir qu'elle parviendra, sans qu'ils sachent comment, à le régler plus positivement. Ce n'est pas impossible, avec des influences extra-familiales, mais les chances sont bien aléatoires.

Finalement, qu'est-ce qui fonde la relation entre parents et enfants ?

C'est d'abord l'amour des parents – l'amour qu'ils vivent l'un avec l'autre et l'amour qu'ils ont pour leurs enfants. C'est quelque chose d'assez banal, puisque c'est la vocation propre de l'humanité. Mais c'est quand même assez prodigieux et l'on peut s'en émerveiller sans se lasser : deux personnes au départ complètement étrangères l'une à l'autre s'aiment suffisamment pour lier leurs vies et cette union donne naissance à de nouvelles personnes qui sont tout aussi distinctes et irréductiblement autres. Des relations uniques et privilégiées se développent entre toutes ces personnes, non seulement entre parents et enfants mais encore au sein de la fratrie.

Il n'y a pas d'autre fondement à ce « miracle ordinaire » que ce que, dans l'espèce humaine, on appelle les « liens du sang ». C'est pourquoi il est si précieux que les enfants puissent être les fruits du mariage de leurs parents. C'est le socle de la solidarité irréversible, de la confiance mutuelle et de l'intimité indélébile entre parents et enfants ainsi qu'entre enfants des mêmes parents.

Vous avez dit qu'un travail était nécessaire pour qu'un couple dure[85]*. Il en est de même pour construire la relation avec ses enfants. Mais comment est-ce possible quand les deux parents sont accaparés par leurs obligations professionnelles, pour gagner l'argent nécessaire pour loger sa famille selon ses besoins, pour payer les études des enfants, etc. ? S'ils doivent préserver le temps de se parler entre eux, où trouveront-ils celui de parler avec leurs enfants ? Et si* *ceux-ci sont nombreux, comment prendre un moment pour écouter chacun ?*

Il n'y a évidemment pas de recette simple et passe-partout. Ce qui compte est de ne pas laisser les choses suivre leur cours sans en prendre conscience ou en présumant que l'on ne peut rien y faire. Il est vain par exemple de se dire que l'on finira forcément par avoir avec ses enfants des entretiens sérieux et confiants, mais de ne rien faire pour les provoquer. Il faut donc s'organiser, prévoir et s'engager. Les enfants sentent très vite si la vie familiale est ou non construite en fonction d'eux. Si tout fonctionne sans qu'ils aient leur place, ils réaménagent leur univers personnel et développent au dehors des relations privilégiées qui ne seront pas infailliblement bénéfiques. Cela veut dire que plus les contraintes extérieures (et notamment professionnelles) sont fortes, plus il faut de détermination pour sauvegarder des espaces de communion aussi intense que possible.

Ce n'est pas la quantité qui importe, mais la qualité. Il est inévitable qu'il y ait des « bas » entre les « hauts ». Les enfants peuvent comprendre que si, à certains moments, leurs parents ne s'occupent que d'eux, à d'autres moments en revanche, ils sont pris ailleurs. À une condition toutefois : c'est qu'ils soient informés de ce qui accapare ainsi leurs parents et qu'ils perçoivent que cette distanciation ne signifie pas du tout qu'ils ne seraient plus aimés ou qu'ils le seraient moins. Quand par exemple papa et maman les abandonnent pour s'offrir une brève escapade en amoureux, ils peuvent pressentir que la relation entre un homme et une femme ne se résume ni à un train-train quotidien de tâches plus ou moins partagées, ni à une impossible exaltation permanente. Ils peuvent comprendre qu'une relation de couple se construit, avec une volonté réaliste qui exige des temps forts et riches d'échanges afin de traverser les périodes plus ternes en apparence.

Le rôle du père et celui de la mère

L'Église est-elle attachée au schéma selon lequel la femme reste à la maison pour s'occuper des enfants tandis que le mari travaille à l'extérieur pour assurer le revenu nécessaire ?

L'Église ne définit pas de rôles particuliers. Elle reconnaît simplement que l'homme et la femme sont différents. Cette distinction n'est pas une singularité chrétienne. C'est un constat anthropologique que nous avons déjà abordé[86]. Les personnes de sexe masculin n'ont pas la même présence dans la vie sociale que celles qui sont du sexe féminin, parce que la participation des uns et des autres ne se réduit pas à leur capacité productrice. À ce niveau économique, il n'y a effectivement pas de différenciation si sensible. C'est particulièrement vrai aujourd'hui chez nous, où la force physique a bien moins d'importance que jadis, où de plus en plus de femmes font des études qui débouchent sur des carrières et où un second salaire est souvent plus qu'utile. Il existe certes encore des sociétés où traditionnellement les différents métiers et fonctions selon leur nature sont réservés à l'un ou l'autre sexe. Mais ce n'est pas et cela n'a jamais été la règle universelle ni une loi inhérente à l'espèce humaine[87]. Dans nos campagnes autrefois, les femmes travaillaient autant que les hommes, avec eux et à côté d'eux. Pourtant elles avaient dans leur famille et souvent aussi dans les échanges sociaux un rôle différent de celui des hommes.

Quel que soit le mode de répartition des tâches, le rapport de l'enfant à sa mère est différent de celui qu'il a avec son père. Vous m'avez déjà donné l'occasion de le dire[88] : ce qui unit un être humain à celle qui l'a porté et mis au monde est d'ordre biologique. C'est une communion charnelle, qui n'existe pas avec le géniteur. Celui-ci est extérieur à cette relation unique et irréversible. Il y est accepté comme celui en qui la mère reconnaît le père. C'est pourquoi les liens avec la mère tendent à être plus affectifs, plus fusionnels, moins médiatisés. Et ceci définit en même temps la position du père comme celui qui représente une certaine objectivité, l'ouverture à des rapports au monde externe avec ses règles de fonctionnement face auxquelles les désirs immédiats doivent être contrôlés. Donc la mère sera plus du côté de la compréhension et de la miséricorde, et le père davantage de celui de la loi et de l'ordre social qui impose ses normes.

Tout ceci n'a cependant rien de systématiquement rigide. J'ai déjà parlé de ces femmes qui élèvent seules des enfants et doivent exercer les fonctions du père absent, tandis qu'il existe des foyers monoparentaux où c'est un homme qui est amené à assumer aussi le rôle de la mère[89]. Des chassés-croisés semblables peuvent se produire occasionnellement dans les familles classiques, selon les circonstances (maladie ou éloignement professionnel d'un des deux parents, etc.). Mais ce sont là des situations exceptionnelles ou provisoires, qui ne remettent pas en question la différenciation entre les attitudes du père et de la mère vis-à-vis de l'enfant. Tout enfant a besoin d'une mère *et* d'un père, bien au-delà de sa conception et de sa naissance, sans que l'un puisse se substituer à l'autre de façon totalement satisfaisante. Ce n'est pas un précepte qui aurait son origine dans la Bible, c'est inscrit dans l'expérience humaine.

Les parents, l'école et les copains

Les parents ne sont pas seuls à éduquer leurs enfants. Ils ont besoin d'aide, et d'abord celle de l'école. Mais, en vertu du brassage culturel ou social, ce qui est vécu à l'école ne va pas forcément dans le sens de ce qui est transmis à la maison. Les repères peuvent être brouillés.

L'école n'est jamais un lieu isolé de l'ensemble de la vie sociale. S'il y a un décalage, voire une incompatibilité entre les « valeurs » véhiculées par l'établissement d'enseignement et celles auxquelles les parents sont attachés, cela veut dire que cette famille est en situation de rejet vis-à-vis non seulement des institutions éducatives, mais encore de l'environnement culturel auquel elle voudrait se soustraire autant que possible.

Pour les baptisés, la fidélité au Christ entraîne une distance critique par rapport aux comportements et aux discours où se reconnaissent les tentations inhérentes à ce que la Révélation désigne comme le « paganisme » foncier et inhérent à l'humanité séparée de Dieu. Les chrétiens vivent nécessairement *dans* le monde mais cela ne les oblige nullement à être *du* monde[90]. Leur vocation n'est pas de s'enfermer dans une bulle de pureté dont ils définiraient eux-mêmes les frontières, mais d'affronter l'incroyance, peut-être plus encore sous ses formes pratiques que sous ses formes théoriques.

L'alternative est simple : ou bien l'on décide de créer sur terre une antichambre du paradis et de s'y réfugier en excluant tous ceux que l'on en juge indignes (et c'est la solution des sectes), ou bien l'on résiste sans battre en retraite ni condamner quiconque, en témoignant d'une foi sereine et en s'efforçant de partager l'amour de Dieu qui, sans approuver n'importe quoi, ne désespère de personne. Partir au désert et s'enfermer dans une thébaïde[91] est certes possible. Mais ce n'est pas la vocation commune et en tout cas pas celle des baptisés mariés et ayant des enfants. Cela dit, pratiquement, une pédagogie peut être nécessaire. Tous les enfants ne sont pas identiquement capables de rencontrer la contradiction. Cela dépend des âges, des tempéraments, de la nature de l'environnement... Une période un peu protégée peut fortifier pour l'avenir.

Notre désir de protéger nos enfants n'est-il pas légitime ?

Si, mais isoler les enfants sous le prétexte que le contexte est délétère, ce n'est pas les préparer à exercer une véritable liberté. Les protéger, ce n'est pas leur épargner toute expérience des défis souvent subtils qu'ils rencontreront fatalement tôt ou tard, et face auxquels ils risquent fort d'être désarmés s'ils n'y ont jamais été un tant soit peu confrontés. Si la société est nocive et si l'on ne peut pas indéfiniment faire comme si elle n'existait pas, vaut-il mieux s'imaginer qu'on peut la fuir ou apprendre à se défendre ?

Certains pensent que le système scolaire devrait être plus normatif et plus contraignant. Je n'en suis pas sûr. Il me semble qu'il est formateur d'aider les enfants à construire leur propre jugement sur ce qu'ils voient et entendent en dehors du milieu familial.

Alors comment équiper les jeunes pour qu'ils résistent aux influences néfastes ? Ils vont bien percevoir l'écart entre d'une part ce qu'ils apprennent à la maison, au catéchisme et à l'église, et d'autre part ce qu'ils découvrent dans la cour de récréation, dans la rue, sur les affiches publicitaires, à la télévision... Comment des parents chrétiens peuvent-ils aider leurs enfants à rester libres ?

Les influences extérieures sont pratiquement inévitables. Le tout est de savoir comment développer la capacité de ne pas gober tout ce qui vient et de prendre une distance critique. Concrètement, cela veut dire examiner sans a priori théoriques le contenu des propositions rencontrées, mais aussi leur source et les motivations qui les sous-tendent. Autrement dit, il s'agit d'aider les enfants à se rendre compte que tout ce qu'ils entendent n'a pas le même statut : « Ce qui se dit à la sortie de l'école est-il aussi fiable que ce qu'enseigne le maître ou la maîtresse ? Un professeur, qui est pleinement crédible quand il fait son métier dans son champ de compétence, est-il qualifié pour imposer sa vision de la vie en général ? Si le médecin qui te soigne n'est pas croyant, es-tu obligé pour autant de devenir athée ? Si quelqu'un veut te vendre quelque chose, est-ce vraiment pour te rendre service, ou bien parce que c'est avant tout son propre intérêt ?... »

Mais on ne se sent pas forcément très armé pour tout peser sans cesse...

Beaucoup dépendra donc de notre capacité de « muscler » le jugement personnel. Pendant toute la période que j'ai connue au collège et au lycée, c'était précisément une des caractéristiques de la vie en aumônerie : offrir aux jeunes une alternative, les introduire à une conception de l'existence qui faisait défaut dans la vie scolaire, que ce soit en classe ou dans la socialisation en dehors des cours. C'était un lieu de liberté : on n'était pas obligé d'y aller et on y trouvait un recul qui élargissait et approfondissait la perspective sans du tout la fermer ni la déplacer dans un hypothétique au-delà.

Il faut ajouter que la fréquentation de l'Évangile, à la maison ou dans un cadre ecclésial, stimule la réflexion. Quand on découvre que Jésus nous demande d'aimer nos ennemis, on est amené à s'interroger : est-ce bien ainsi que la société fonctionne ? Quand Jésus nous dit : « Aimez-vous les uns les autres », on est amené à chercher de qui on est sincèrement aimé et qui on aime sans attendre de réciprocité. Finalement, la question est de savoir si vivre en bonne intelligence avec les autres suppose d'adopter sans examen critique tout ce qu'ils présentent comme évident, ou bien si la liberté personnelle consiste aussi à être capable de dire « non » sans agressivité.

Oui, mais il y a la crise de l'adolescence, où tout ce qui vient de l'extérieur de la famille est a priori plus séduisant.

Dès le plus jeune âge, un enfant peut s'identifier un peu à certains de ses camarades plus gâtés ou plus sûrs d'eux-mêmes. Ce sont des influences que les parents ont du mal à identifier ou ne prennent en compte que trop tard.

La solution est toujours l'éducation du jugement. Il est vrai que la vie est d'une complexité déconcertante (et même effrayante) pour les jeunes qui la découvrent. Pour beaucoup d'entre eux, il sera bon et même nécessaire de pouvoir appartenir à un groupe sécurisant, avec une identité aisément accessible. Ils y puiseront de la force pour se dire : « Je ne me laisse pas faire. Je ne suis pas un mouton. J'appartiens à ce cercle où je suis reconnu, parce que je suis moi et que les autres m'y renvoient une image de ce que je peux être qui me semble juste et belle ». C'est le service que rend par exemple le scoutisme ou bien encore les aumôneries et les camps qu'elles organisent.

Mais les parents et les autres éducateurs ont un travail à faire, afin d'aider à dépasser un repli défensif. Les jeunes peuvent se laisser tenter par l'agressivité motivée par une envie compréhensible mais vaine d'échapper aux conditionnements. Ce désir d'autonomie est légitime, mais est-ce une véritable liberté que celle qui ne s'exerce que dans un refuge isolé de l'ensemble de la société ?

Il arrive qu'un jeune soit tenté de se laisser entièrement absorber dans un groupe de camarades, au risque de ne plus écouter que les règles de ce groupe, de rejeter ce qui vient de sa famille et le distingue de ses copains. La tâche des parents et des éducateurs divers est de les aider à comprendre que les autres, ce ne peut pas être seulement quelques pairs, et que la société, malgré ses ambivalences et ses aspects qui ne suscitent aucun intérêt spontané, est bien plus vaste, bien plus riche en opportunités que le groupuscule où l'on s'enferme.

Et les familles recomposées ?

On entend souvent dire que les enfants de familles recomposées vivent très bien leur situation parce qu'y est reproduit un climat familial. Mais certains prétendent qu'ils en souffrent au moins en secret et en restent même traumatisés pour la vie. Quel est votre regard ?

Je crois que l'on a tendance à sous-estimer la maturité des plus jeunes, qui n'est pas celle des adultes mais relève d'une certaine sagesse, inspirée par le besoin de grandir et de vivre. Ils ont de grandes facultés d'adaptation quelles que soient les difficultés. Ils sont capables de ne pas accabler leurs parents si ceux-ci se sont séparés et de ne pas se considérer comme des victimes irrémédiablement condamnées à la frustration. Il ne faudrait pas en conclure que le divorce n'a aucun impact sur les enfants. Cependant, ils peuvent être instinctivement portés à ne pas aggraver le mal, à ne pas ajouter leur propre souffrance à celle de cet échec. S'ils ont le sentiment que leurs parents, chacun de son côté, ne cessent pas de les aimer, ils vont s'efforcer d'atténuer les conséquences de la rupture en n'y ajoutant pas l'épreuve qu'elle leur impose. Cela ne veut pas dire qu'ils sont indifférents, mais qu'ils assument, qu'ils ont conscience d'avoir un avenir et de n'être pas prisonniers de ce qu'ils ont subi, sans en être aucunement coupables ni accuser quiconque.

Dans le cadre de la famille « recomposée », il arrive que l'enfant supporte mal l'autorité de celui ou celle qui n'est pas son « vrai » père ou sa « vraie » mère. C'est une situation qui se retrouve également s'il y a remariage consécutif à un veuvage : il n'est pas évident, surtout si une crise survient, que le nouveau conjoint soit accepté comme ayant les mêmes responsabilités et les mêmes droits que le parent disparu. Cela illustre encore une fois l'importance des « liens du sang » : le fait que la famille n'est pas un phénomène purement affectif et culturel mais aussi charnel. Bien sûr, il existe depuis toujours des cas ou une substitution est inévitable, parce qu'il y a un manque, un vide à combler. Toutefois, les tensions que cela crée ne sont pas nécessairement fatales. La nostalgie du couple parental uni dont on a été privé peut demeurer une blessure plus ou moins cicatrisée, mais elle peut tout aussi bien, à l'inverse, orienter toute une vie d'adulte comme un idéal à réaliser et transmettre.

VI

Transmettre la foi

Comment parler de Dieu aux enfants ?

Comment donner à Dieu une place dans la famille ? Nous nous sommes mariés à l'église, nous sommes baptisés et nos enfants aussi. Nous aimerions qu'ils aient une foi éventuellement plus solide que la nôtre. Mais comment s'y prendre ? Par où commencer ?

La première question est de savoir si Dieu est réellement quelqu'un dans la famille, et d'abord dans le couple. En effet si, pour lui donner une place, on attend le moment où il faudrait peut-être en parler aux enfants, cela signifie qu'il n'est pas déjà présent pour les parents. Si quelqu'un compte dans la famille, on l'évoque dans les conversations et on a quelque chose à dire à son sujet. Les enfants découvrent qu'ils ont des grands-parents, des oncles, des tantes, des cousins et des cousines parce qu'ils entendent leurs noms et qu'ils les rencontrent de temps à autre, parce qu'il y a avec eux des souvenirs et des projets communs. Quand on va rendre visite à une vieille grand-tante, les petits ne sont peut-être pas motivés au départ. Mais s'ils comprennent qu'elle a de l'importance pour papa ou maman, elle entre dans leur univers. Pour Dieu, c'est un peu la même chose.

Reste que c'est parfois l'inverse : c'est pour et par les enfants qu'on en vient à parler de Dieu en couple…

Au départ, les époux peuvent donc être « tièdes », ou bien, comme nous l'avons déjà dit[92], le décalage de foi entre eux peut être net. C'est une question qui devrait être abordée dans la préparation au mariage. Malheureusement ce n'est pas toujours le cas, car pour un des fiancés ou pour les deux, la question religieuse n'est pas prioritaire à ce moment-là. On se contente souvent du minimum formel requis pour obtenir le « feu vert » du prêtre qui doit authentifier l'engagement. Mais si la foi n'est pas une composante de la construction du couple, il sera difficile ou long que Dieu trouve par la suite sa place dans la vie de famille.

Cependant, il est vrai que ce sont effectivement les jeunes qui nous disent : « Si vous avez la foi, ça doit apparaître quelque part, même dans la vie quotidienne ». Il faut décider et organiser du temps consacré à Dieu et de la place pour lui dans la vie familiale, tout comme on prévoit les moments réservés à son conjoint et aux enfants. La foi ne peut pas rester entièrement tacite en dehors de ses expressions publiques et collectives. Si elle a un rôle dans la vie privée, cela concerne aussi la famille !

Alors, que peut-on faire concrètement pour avoir une vie de foi en famille ?

Là encore, il n'y a pas de recette toute prête. Cette difficulté à vivre la foi en couple ou en famille vient en particulier de ce que la tradition chrétienne dont nous héritons s'est cristallisée depuis longtemps sur le rassemblement dominical : l'expression normale de la foi s'est concentrée presque exclusivement sur la participation à la messe le dimanche et pour les grandes fêtes. C'est bien l'essentiel, mais c'est aussi un minimum et une position de repli. Car dans le souci de manifester l'appartenance à l'Église face à la sécularisation, on a laissé un peu tomber en déshérence la dimension familiale de la vie chrétienne.

En compensation, l'accent a été mis, au moins pour les plus convaincus, sur la relation particulière, intime et secrète avec Dieu, sur la conversion intérieure toujours à refaire. C'était conforme à la montée d'un certain individualisme, ainsi qu'au goût de la liberté dans la culture ambiante. Mais dans une perspective sans doute plus profonde et plus ancienne, c'était peut-être une réaction contre un paganisme tenace qui coexistait avec la religion de ses parents, de ses proches et de ses ancêtres, même s'ils allaient régulièrement à la messe.

Toujours est-il que, prise entre l'expression collective d'appartenance et l'expérience du tête-à-tête avec Dieu, la relation familiale avec le Père des cieux en son Fils Jésus et par leur Esprit Saint n'a guère de formes qui servent de référence. C'est un domaine où il faut innover, inventer, et c'est un des défis qui rend notre époque passionnante. Les médias n'en parlent pas, mais il existe déjà des initiatives, des découvertes.

Prier ensemble

En famille, il y a la prière du soir avec les plus petits. Avec les adolescents, c'est bien moins évident. Comment s'y prendre ?

Cela dépend beaucoup des enfants, de leur disponibilité intérieure, de leur tempérament… Il est impossible de transformer en obligation institutionnalisée ce qui requiert un engagement personnel. On ne peut pas décréter : « Ici, la prière commune, c'est tous les soirs à 20 heures 30. Si ça ne te convient pas, tu vas dîner ailleurs ». Mais on peut dire : « Pour nous ça compte que nous priions tous ensemble et que tu nous accompagnes, même si tu n'en éprouves pas le besoin ou n'en vois pas l'intérêt. Tu n'es pas obligé de t'adresser à Dieu en même temps que nous, ni dans les mêmes termes : c'est ta liberté, ton choix personnel. En tout cas, pour l'unité de notre famille, c'est important que tu sois là ». Il ne s'agit donc pas d'exiger un acte de foi, mais d'insister sur l'interdépendance. La solidarité, vitale au sein d'un foyer pour que chacun y ait ses racines, risquerait de s'effilocher si elle ne se manifestait pas de façon régulière. Inversement, se mettre ensemble à l'écoute de la Parole de Dieu nourrira la profondeur et l'intensité de l'amour entre les membres de la famille, même si tous n'en sont pas toujours pleinement conscients.

Un aumônier de lycée m'a raconté qu'il persistait à organiser des camps de ski pendant les vacances d'hiver en partie parce que les jeunes y (ré)apprenaient à partager des repas en restant à table, c'est-à-dire à appartenir au quotidien à une communauté. Beaucoup de jeunes ont pris l'habitude de se nourrir n'importe quand et n'importe comment en se servant tout seuls dans le réfrigérateur. D'une part, ce n'est pas idéal pour leur santé, mais surtout l'absence de règles élémentaires les abandonne à eux-mêmes dans la solitude.

Des règles, une régularité et un cadre objectif sont indispensables à une vie commune de qualité. Dans une famille qui s'efforce d'être chrétienne, la prière du soir, si courte soit-elle, est aussi essentielle à la vie commune que le dîner qui réunit normalement tout le monde et où chacun peut écouter les autres et s'exprimer. Cela ne veut pas dire qu'il faille considérer comme des infractions les décrochages qui, inévitablement, se produisent à l'occasion pour des raisons d'humeur ou pour des motifs extérieurs comme une réunion ou une sortie au cinéma. La contrainte est à exclure, mais il est capital pour la communion sans laquelle il n'y a pas véritablement de famille d'établir des rendez-vous récurrents sur un rythme fixe et avec des formes stables – ou, pour appeler les choses par leur nom : des rites.

On a vu qu'il n'était pas facile aux époux de se mettre à prier ensemble[93]*. S'ils ne savent pas le faire seul, sauront-ils se mettre à prier à deux, et avec leurs enfants ?*

Tant qu'on vit seul, on peut s'arranger avec Dieu sans témoin et sans tiers. On peut développer la relation ou décider de s'en passer. Le mariage modifie la donne en raison de la façon dont il est conçu aujourd'hui dans notre société : la vie à deux repose volontiers sur un idéal de partage, de communion. C'est d'autant mieux qu'il n'en a pas toujours été ainsi. Pendant des siècles, maris et femmes n'ont pas eu cette ambition et les couples vieillissaient souvent côte à côte sans transparence réciproque des âmes. De nos jours, les questions de foi personnelle ne peuvent plus rester rigoureusement intériorisées. En ce sens aussi, le mariage est devenu plus exigeant, car ce qui était une expérience purement subjective devient un objet dont on est amené à parler.

En principe au moins, ces sujets ont été abordés lors de la préparation au mariage, nous l'avons vu. La question revient ensuite si par exemple l'un va à la messe (régulièrement ou non) et l'autre pas, ou si un seul communie le dimanche. La divergence offre une chance de susciter une réflexion et un dialogue. Mais l'incitation est plus nette encore lorsqu'il y a des enfants et que se pose la question de la prière du soir, ou celle de décider de les inscrire au catéchisme. Tout cela invite à des prises de responsabilité. Des évolutions sont alors possibles, même si elles ne se déclenchent pas infailliblement. La décision à prendre peut provoquer un raidissement dans la négation ou dans la réticence à s'engager. Mais la simple présence des petits enfants, ajoutée à la transparence que l'on reconnaît devoir au conjoint, pousse à réviser certaines options ou à reprendre des problèmes laissés en suspens. Quel exemple donne-t-on ? Quel modèle propose-t-on ? Dans le prolongement du mariage, être parent est une épreuve, mais aussi une opportunité.

Le catéchisme

Au jour de leur mariage, les époux s'engagent à ce que leurs enfants reçoivent une instruction religieuse. Cela signifie-t-il qu'il est inutile de se casser la tête avant que les enfants soient en âge d'aller au catéchisme où des gens qualifiés seront à leur disposition ?

Non. De même que l'éducation commence à la maison avant l'école, l'initiation à la foi peut et doit se faire avant l'inscription au catéchisme. Les plus petits sont parfaitement capables de percevoir quelque chose de la bonté de Dieu, de son mystère et même de leur vocation... Évidemment, il ne faut pas tenter de leur faire assimiler des concepts théologiques. Mais ils peuvent s'intéresser à des personnages de la foi. Il y a les patriarches : Noé, Abraham, Isaac, Jacob, Joseph ; il y a Moïse ; il y a les prophètes : Samuel, Élie, Élisée, Isaïe, Jérémie, Daniel... Il y a encore Gédéon, Samson, David, Jonas, Tobie... On peut stimuler l'imaginaire à travers les épisodes de la Révélation biblique. Il en va de même avec de nombreuses pages du Nouveau Testament grâce auxquelles se construit petit à petit une image de Jésus et de sa personnalité, qui est bien plus complexe et riche que celle du « gentil » inexplicablement victime de la méchanceté de quelques minables[94]. Les vies de saints sont aussi des contrepoints suggestifs de l'histoire de l'Église : elles donnent à percevoir quelle actualité et quelle puissance inépuisable de renouvellement l'Évangile a toujours gardées et continue d'offrir.

Vous nous encouragez à avancer progressivement... Raconter des histoires, ce n'est pas à proprement parler du catéchisme...

Tout cela se monnaye de façon différente selon qu'il s'agit de jeunes enfants ou de plus grands. Les plus petits sont à l'aise dans des relations affectives avec des figures ou des héros. En grandissant, ils deviennent capables de fréquenter les textes bibliques directement et individuellement, et de les interpréter comme la Parole que Dieu leur adresse. Chaque âge a sa forme d'initiation aux Écritures. L'objectif à viser est que les enfants puissent les fréquenter par eux-mêmes, de façon autonome, comme un besoin conscient à l'intérieur d'une relation personnelle avec Dieu.

Y a-t-il des connaissances à acquérir ?

L'enseignement qui peut être donné au catéchisme et dans les aumôneries revient, en se fondant sur cette découverte de la Bible et de l'Évangile, à proposer une organisation rationnelle des événements et des données qu'ils contiennent, ainsi que leur nécessaire mise en pratique dans les sacrements et dans les relations entre les hommes.

Quand je faisais le catéchisme, je ne commençais pas par dire par exemple : « Aujourd'hui on va parler de la confession ». Je prenais une scène de la vie du Christ : la guérison du paralytique à qui Jésus commence par annoncer que ses péchés sont remis[95], ou la parabole du fils indigne qui revient chez son père et est accueilli à bras ouverts[96]. La leçon consistait à explorer le scénario en le résumant puis en le décomposant en une séquence d'images faisant apparaître dans les attitudes les sentiments successifs des protagonistes. La miséricorde, ce n'est pas une vérité qu'on assène. C'est d'abord la rencontre de personnages qui pardonnent et d'autres qui sont pardonnés. Leurs comportements suscitent des réactions de surprise ou d'identification. Une relation décisive se développe ainsi, car cette implication personnelle introduit peu à peu dans un dialogue où le jeune finit par percevoir qu'au-delà des acteurs de l'histoire, son véritable interlocuteur est le Christ et qu'il peut entrer en rapport avec lui après être littéralement entré dans cette page d'Évangile. Il écoute sa parole et lui répond dans la prière et en vivant le sacrement de la réconciliation.

Mais pour nos enfants, le catéchisme a quelque chose de scolaire…

Le catéchisme est lié à l'école. D'abord parce qu'il s'adresse à des enfants en âge scolaire. Ensuite parce dans le développement de la foi, il est un peu ce qu'est l'école dans l'éducation et se situe en principe dans le prolongement de premières initiations à la maison. Enfin parce que, formellement, les heures de catéchisme s'ajoutent à l'emploi du temps hebdomadaire des enfants. Mais cela veut dire que les difficultés rencontrées sont jusqu'à un certain point les mêmes que celles qui affectent aujourd'hui l'enseignement « général » et académique, étant donné que de plus en plus d'enfants n'ont pas reçu une formation préalable très structurée.

Cependant, le catéchisme affronte des problèmes qui lui sont spécifiques. En premier lieu, il est souvent considéré comme une surcharge facultative dans des horaires scolaires déjà jugés trop lourds, si bien que la motivation des parents aussi bien que des enfants n'est pas toujours solide, surtout quand il y a concurrence avec les cours de judo ou de guitare.

De plus, l'histoire propre du catéchisme n'est pas si simple. Si l'on remonte au XIXe siècle, il s'agissait surtout d'une préparation à la première communion, ce qui permettait l'entrée dans la vie paroissiale, c'est-à-dire essentiellement la participation pleine et responsable à la messe dominicale. Au début du XXe siècle, le pape Pie X a encouragé les jeunes enfants à recevoir l'Eucharistie dès l'âge de raison, autrement dit au tout début de la catéchèse, voire avant. On a donc réorganisé la pédagogie avec un nouveau couronnement au parcours : la « communion solennelle ». Quand on s'est aperçu que les familles peinaient à en faire une fête authentiquement religieuse, que c'était souvent prétexte à bombance et cadeaux, on a cherché à la recentrer en en faisant la « profession de foi ». Mais on a dû constater que les enfants de sixième ou cinquième ne sont pas assez mûrs pour s'engager sérieusement et persévérer à l'adolescence et au-delà. Et faute d'avoir réussi vraiment à articuler cette étape avec la confirmation, on n'a pas trouvé de nouveau but mobilisateur.

Plus précisément, on n'a pas pu se mettre d'accord sur les objectifs de la catéchèse. Certains voulaient qu'on insiste sur les contenus dogmatiques, mais sans garantie que cela soit assimilé et mis en œuvre. D'autres entendaient que l'on privilégie l'expérience, la fraternité, l'amour du prochain et l'attention aux malheureux. Mais là encore, qu'en reste-t-il à la fin ? Tout au plus des souvenirs de bons moments qui ne suffiraient pas à structurer toute une vie… Aujourd'hui où les enfants catéchisés dans les années 1970 deviennent parents, on voit le résultat : quand ils envoient leurs enfants au catéchisme (et c'est loin d'être toujours le cas), ceux-ci n'ont pas forcément été baptisés.

Cette situation s'inscrit bien entendu dans le contexte culturel qui rend nécessaire chez nous ce que le pape Jean-Paul II a appelé une « nouvelle évangélisation ».

Le catéchisme doit donc affronter beaucoup de défis !

Avec des effectifs en baisse et un pourcentage croissant d'enfants non seulement non baptisés, mais encore n'ayant bénéficié d'aucune initiation en famille dès leur plus jeune âge, y a-t-il lieu de désespérer et de se lamenter ? Non, car la pédagogie à mettre en œuvre retrouve la finalité première du catéchisme : il s'agit de préparer à la vie sacramentelle – en l'occurrence le baptême, puis la communion et la réconciliation. Dans le même mouvement, ceux qui sont déjà baptisés et ont entendu parler de Dieu à la maison accompagnent leurs camarades qui « prennent le train en marche » et découvrent ce que tout cela signifie et la cohérence entre ce qu'ils ont déjà reçu et ce qui leur est proposé.

Je crois qu'ainsi, le catéchisme s'inscrit plus étroitement dans la vie de l'Église. Un enfant catéchisé n'est pas un élève ni quelqu'un qui appartient à un petit groupe sympathique. C'est une personne en train de devenir un membre du Corps du Christ et qui est là pour en recevoir les moyens. Le processus d'intégration va bien au-delà de l'assimilation de connaissances et d'expériences où les contenus de foi restent implicites. Il vise à établir une relation à la fois personnelle et communautaire avec Dieu, à travers l'étude mais aussi la prière, à travers l'apprentissage de la charité mais aussi les ressourcements sacramentels.

Le catéchisme, comme l'école, a toujours été lié à l'état de la société. Nous ne sommes plus au temps de la chrétienté ni de la IIIe République. On peut estimer qu'aujourd'hui l'Église en France s'adapte plutôt mieux que le système éducatif de l'État. C'est peut-être parce que sa foi et sa structure sacramentelle lui ont permis de mieux surmonter la crise de l'autorité qui a déstabilisé tout le monde occidental à la fin du siècle dernier.

En plus du catéchisme

Beaucoup de parents voudraient bien accompagner cette entrée de leurs enfants dans la plénitude de la vie chrétienne, mais ils ont conscience de ne pas bien maîtriser tout ce que l'Église enseigne, d'être incapables de l'expliquer, de le justifier, de ne pas avoir les connaissances qu'il faudrait. Alors comment transmettre quelque chose sur quoi on se sait fragile, voire déficient ?

Toute la vie sociale repose sur des transmissions par des gens qui ne dominent pas nécessairement à fond tout ce qu'il leur revient de faire passer. Si ce que l'on reconnaît comme important ne pouvait être présenté que par des experts ayant étudié le sujet pendant des années et dûment consacrés par leurs pairs, il ne se communiquerait pas grand-chose entre les générations ! Il ne s'ensuit pas qu'il soit inutile de se former le mieux possible. Cependant, la relation pédagogique consiste à transmettre non pas des connaissances incontestables, mais des savoirs sincèrement crus et accessibles ou partageables.

Prenons le cas des questions que peut poser un enfant de huit ans face à la mort, en réagissant au décès par exemple d'un grand-père : « Pourquoi ? Qu'est-il devenu ? » Etc. Cet enfant n'a pas besoin que vous sachiez sur le bout des doigts tout ce que racontent les traités théologiques des fins dernières, y compris les *quaestiones disputatae*. Il a besoin que vous lui parliez, et en des termes qu'il peut comprendre, de votre espérance, de tout ce qui survit déjà invisiblement à travers ce que cet aïeul a transmis et inspiré, de votre confiance que, malgré l'épreuve de la perte, l'amour restera plus fort que la mort…

Oui, mais on a peur de se tromper en ne lui disant pas tout…

Les questions que posent les jeunes et surtout les très jeunes sont souvent incisives, parce qu'ils ne se sont pas encore résignés aux limites de la condition humaine. Or ils n'attendent pas des réponses exhaustives, mais des réponses qui sonnent juste, qui prennent acte de la réalité du problème et les aident à l'affronter, sans prétendre le nier ni le régler par des ressources rhétoriques ou des certitudes assénées qui paraîtront irrationnelles.

Il n'est donc pas nécessaire d'être docteur en philosophie pour élever des enfants, ni diplômé en théologie pour faire de la catéchèse. Quand il s'agit de transmettre la foi, on partage celle que l'on a. Il est donc bon de se perfectionner, de lire et de travailler avec d'autres pour approfondir ce que l'on croit et arriver à mieux l'exprimer.

Mais le meilleur moyen de développer notre capacité à formuler quelque chose qui nous tient à cœur, c'est de le mettre en pratique. On ne parle bien que de ce que l'on vit. Un chrétien n'est pas simplement un disciple qui digère ce qu'il entend son maître dire et qui le restitue plus ou moins exactement. C'est quelqu'un qui a une expérience personnelle de Dieu, qui dialogue avec le Christ, qui témoigne de ce qu'il vit et pas seulement de ce qu'on lui a enseigné.

La situation de transmission de la foi révèle donc la qualité de notre adhésion. Face à des enfants, il faut accepter de n'être pas tout-puissant ni omniscient, admettre que croire n'est pas tout savoir ni se vanter de tout comprendre. On peut avouer : « Je ne sais pas. Mais on peut réfléchir ensemble. On peut chercher quelqu'un qui nous éclairera ». L'important est de ne pas mentir.

L'Église en fait-elle assez pour inciter les parents à envoyer leurs enfants au catéchisme ? Après tout, c'est facultatif et l'ambiance n'est pas tellement porteuse. Il ne suffit pas d'ouvrir un bureau d'inscription et d'attendre que les gens viennent spontanément. Il faut faire de la publicité !

L'invitation se fait dès la préparation au mariage. Elle se refait à l'occasion du baptême, où l'on demande explicitement aux parents de s'engager à ce que l'enfant soit éduqué dans la foi. Mais il ne faut pas se leurrer : si sur le moment les gens disent « oui », et sans doute est-ce sincère, quelques années plus tard, quand il s'agit de tenir la promesse, le contexte a changé et il comporte des contraintes imprévues, qui peuvent être dissuasives. Il faut une motivation forte pour inscrire son enfant au catéchisme et pour le soutenir dans ce choix.

Il n'en a pas toujours été ainsi. Il y a encore une cinquantaine d'années en France, quelque 80 % des adultes étaient allés au catéchisme dans leur jeunesse. Dans une classe à l'école, c'était pratiquement quatre enfants sur cinq. Les autres formaient une minorité disparate : juifs, protestants, athées convaincus... Aller écouter le prêtre à la salle paroissiale le jeudi (à l'époque, ce n'était pas le mercredi), c'était faire comme tout le monde. Il suffisait de suivre.

Aujourd'hui nous sommes dans la situation inverse. Aucun conformisme ne pousse à aller au catéchisme. Il peut n'y avoir que trois ou quatre élèves d'une même classe qui s'y retrouvent, et qui sacrifient pour cela le foot ou la danse. Le choix d'une formation religieuse pour les enfants suppose que les questions préalables sur la place de Dieu dans la famille aient reçu des réponses nettes et qu'une décision ait été prise. Les parents qui ont du mal à se positionner vis-à-vis de la foi préfèrent généralement esquiver cet engagement. Un peu comme pour le baptême, ils ne veulent pas imposer à leurs enfants des options qu'eux-mêmes hésitent à prendre, sans se rendre compte qu'ils leur imposent non pas leurs propres incertitudes mais l'ignorance, ou du moins qu'ils ne leur laissent pas beaucoup de chances de s'informer et d'exercer leur liberté.

Dans ces conditions, la communication pour faire connaître le catéchisme n'est pas sans intérêt. Elle est même nécessaire, car il s'agit d'introduire dans le paysage mental une réalité qui n'en fait pas partie. Autrefois, au moment de la rentrée, on mettait des affichettes chez les commerçants du quartier, et on le fait encore. Mais ce ne sont que des pense-bêtes pour les gens qui savent déjà. Il est douteux que cela suffise à donner à quelqu'un une idée qu'il n'avait pas et à le pousser à entreprendre la démarche, parce que le message ne renvoie pas à une expérience antérieure. On recourt donc maintenant à des campagnes publicitaires avec des affiches de type commercial. Vous vous rappelez peut-être en avoir vu. Ce sont des appels et non plus des rappels. On propose quelque chose de nouveau en disant en substance : « Ça peut apporter à vos enfants ce qu'ils ne trouveront pas ailleurs. Ça peut les intéresser et leur ouvrir des perspectives. C'est gratuit et vous pouvez les en faire profiter ».

Mais il ne faut pas se faire d'illusion sur l'efficacité de ce type de communication, car s'il peut déclencher ou relancer un questionnement, il est rare qu'il produise immédiatement une motivation suffisante pour passer à l'acte. D'autres parents peuvent en revanche le provoquer, quand les enfants reprennent le chemin des classes. Les contacts personnels à la sortie de l'école permettent de lever bien des blocages qui ne sont souvent dus qu'à des hésitations ou à des problèmes matériels. Il y a donc le témoignage simplement factuel et les propositions d'aide : « J'emmène mon fils au catéchisme mercredi. Est-ce qu'on s'y reverra ? Est-ce que ça vous arrangerait que j'y conduise le vôtre en même temps ou que je le ramène ? »

Il n'est pas toujours évident de faire du racolage...

On ne cherche pas à embrigader ! C'est une question de conviction sans égoïsme ni crainte de causer le moindre tort : le catéchisme est une chance pour les enfants. C'est une chose que peuvent très bien comprendre tous les parents qui tiennent à ce que leurs petits aient accès à tout ce qui pourrait leur être utile dans la vie. Leur faire découvrir ce que signifie être chrétien, ce qu'il faut faire pour cela et pas uniquement ce qu'il faut croire, le fait de n'être pas tout seul dans son coin mais avec d'autres, ce n'est pas les soumettre à une aliénation ; c'est un aspect essentiel de leur éducation à la liberté.

Ce que l'Église offre aux jeunes

Il y a une autre question qui se pose à beaucoup de parents : vaut-il mieux inscrire ses enfants dans un établissement catholique plutôt que dans l'enseignement public ? La foi a-t-elle plus de chances d'être mieux proposée et mieux assimilée dans une école liée à l'Église ?

Cela dépend avant tout de la façon dont vit aujourd'hui une école qui a été jadis ouverte par une congrégation religieuse ou par une paroisse. Le fait que l'institution reste liée à l'Église ne garantit pas que la transmission de la foi y fonctionne. Beaucoup dépend du projet éducatif de l'établissement, des motivations de la direction et des enseignants et aussi de l'influence des parents, dont la marge de manœuvre est moins symbolique que dans l'enseignement public.

Que pouvons-nous donc attendre d'une école catholique ?

Dans une école qui se veut catholique, la foi n'est pas passée sous silence, comme le veut un certain laïcisme qui, sous prétexte de laisser chacun libre, persiste à ignorer, minimiser ou discréditer le fait religieux en le considérant comme un phénomène du passé, voire en le présentant comme forcément obscurantiste et obsolète. Assurer la catéchèse des élèves qui sont chrétiens et une culture religieuse pour les autres fait explicitement partie de la mission des établissements catholiques, alors que les écoles d'État n'ont pas à le faire.

D'autre part, étant donné la sécularisation massive de la société, il y a aujourd'hui intérêt à ce que les enfants bénéficient d'une approche chrétienne de la culture. Il est bon qu'ils découvrent qu'un nombre non négligeable de vérités sur l'existence humaine sont mises en valeur par le christianisme et n'ont pu pénétrer dans les consciences et trouver leur expression que grâce à lui. Dans une école catholique, les enseignants peuvent donner cet éclairage. Ils y sont même invités. Dans un établissement public, ce n'est pas garanti, mais pas impossible non plus. Tout dépend de la façon dont la laïcité est conçue, et cela varie selon les professeurs. La réalité du christianisme et son influence irrécusable sur différents savoirs peuvent au mieux être présentée de façon impartiale. Par exemple un professeur honnête fournira les éléments d'information nécessaires pour que telle ou telle œuvre classique ait tout son sens. Ce sera factuel, historique, objectif, mais il y aura une ouverture, une intégration dans le paysage de certaines au moins des données de la foi.

Pour citer un souvenir en guise d'illustration de ce propos, je me rappelle que, de mon temps, on étudiait *Esther* en cinquième. Je suppose que c'était au programme mais je doute que ce le soit encore. Toujours est-il que, pour comprendre quelque chose à la tragédie de Racine, il fallait absolument prendre en compte le livre de la Bible qui porte ce titre et même être renseigné sur la vie du Peuple élu et sur les raisons à la fois politiques et spirituelles pour lesquelles une partie s'en trouvait exilée en Mésopotamie.

Esther est bien sûr une pièce religieuse, mais il me semble qu'il existe quantité de domaines de l'enseignement où l'existence et l'influence du christianisme ne peuvent pas être niées : en plus de la littérature, il y a bien sûr l'histoire, mais aussi la philosophie (où il est impossible de ne pas reconnaître saint Augustin et saint Thomas comme de grands penseurs, de parler de Descartes et de Pascal comme s'ils n'étaient pas sincèrement croyants et d'oublier la dimension religieuse des systèmes de Kant et de Hegel), et même les langues vivantes formées pour et par la lecture des Écritures[97].

Dans les disciplines scientifiques, bien sûr, les références religieuses n'ont apparemment rien à faire. Mais l'approche expérimentale et la rigueur des définitions et des raisonnements ne sont pas étrangères à la foi et en tout cas ne fournissent pas de motifs sérieux pour la déclarer superflue ou prétendre la remplacer dans l'intelligence des mystères du monde et de la vie[98].

Dans une école catholique, la perspective doit structurellement ou institutionnellement être plus qu'une ouverture objective à la place de la culture et de la foi chrétienne dans les savoirs. Mais une scolarité dans l'enseignement public ne condamne pas automatiquement à l'incroyance par ignorance ou par hostilité.

De plus, le catéchisme paroissial dans le primaire et l'aumônerie des collèges et lycées dans le secondaire sont là pour procurer les prolongements voulus.

Tous les chrétiens convaincus ne sont pas passés par des écoles catholiques, loin s'en faut. Et tous ceux qui en sont issus ne sont pas des croyants engagés. Le choix des parents se fait souvent en fonction du contexte local (proximité, réputation des établissements) et pas uniquement en vertu du principe que l'enseignement catholique offrirait a priori de meilleures chances que l'adhésion de foi soit encouragée.

Le scoutisme peut être aussi un bon complément à ce qui est vécu à l'école et en famille. Est-ce un mouvement d'Église ?

Seule une partie du mouvement scout est catholique. Le scoutisme mondial n'est rattaché à aucune Église ni même à aucune religion. C'est un mouvement de jeunesse à vocation à la fois pédagogique et ludique. Dans ses origines britanniques au début du XXe siècle, il a emprunté aux traditions militaire et franc-maçonne, avec un beau souci de service et de formation morale, ainsi qu'un amour de la nature en avance sur son temps. Les évêques ont été longs à se convaincre qu'il valait mieux lancer un scoutisme catholique que s'abstenir. Il existe donc aujourd'hui une réalisation catholique de l'idéal du scoutisme, où par exemple les scouts anglicans, protestants ou laïcs ne se retrouvent pas tout à fait.

En France, le scoutisme est aujourd'hui le mouvement qui regroupe le plus de jeunes et surtout celui qui continue de toucher le plus d'adolescents et de grands adolescents. Et les groupes de loin les plus nombreux sont ceux qui sont regroupés dans des fédérations ouvertement catholiques. Il y a donc là de précieuses ressources pour les parents qui veulent que leurs enfants s'occupent sainement et fassent des expériences structurantes sur le plan humain aussi bien que chrétien. C'est cependant un style qui ne convient pas forcément à tous. Mais c'est au moins une proposition qui mérite d'être faite et sans trop attendre, car l'insertion dans le scoutisme est plus facile pour les plus jeunes.

L'Église a-t-elle d'autres propositions ?

Il y en a une multitude. J'en relèverai trois :

1. L'approche plus priante et catéchétique du MEJ (Mouvement eucharistique des jeunes), qui a été créé en 1962 et qui s'est redéfini et restructuré plusieurs fois en gardant son impulsion originelle, inspirée de la spiritualité ignacienne[99]. Il propose des activités et des outils éducatifs qui initient au partage de l'Écriture et à la prière et aident à intégrer la foi dans la vie quotidienne.

2. Il y a les Servants d'autel – ce que l'on appelait autrefois les « enfants de chœur » –, qui sont plusieurs dizaines de milliers en France. C'est un mouvement très intéressant, où l'initiation et la participation aux liturgies permettent une entrée active dans la dimension sacramentelle de la vie chrétienne, et où préparations et rassemblements stimulent la réflexion.

3. Il y a encore, avec une approche plus ludique, l'héritage des anciens patronages : on constitue de

petits groupes de jeux avec des enfants du même âge et on les socialise tout en les aidant à découvrir le regard de la foi. C'est l'intuition originelle de l'ACE (Action catholique de l'enfance), qui est reprise sous des formes multiples dans les paroisses, les camps d'hiver et d'été et beaucoup d'autres œuvres de jeunesse.

Tous ces mouvements existent dans la plupart des paroisses et aussi souvent dans les écoles catholiques. En cherchant un peu, on s'apercevra que l'offre est importante et de qualité.

Les enfants à la messe

Vous avez parlé des Servants d'autel. Eux au moins se tiennent bien à la messe, parce qu'ils y ont un rôle. C'est plus difficile pour les plus petits. Que faire ?

Vous vous plaignez que les enfants ne sont pas sages, mais ils n'ont pas plus de raisons d'être attentifs que lorsque vous les traînez voir une exposition. Leur capacité d'attention est limitée dans le temps. On ne peut pas leur demander de rester piqués comme des statues pendant une heure. Ou bien on supporte leur présence et on accepte qu'il y ait un peu de tangage, ou bien on les emmène à part, on les occupe et on met en œuvre une pédagogie adaptée à leur âge jusqu'à l'offertoire. C'est la solution généralement adoptée quand ils sont assez nombreux et s'il y a assez de monde pour les encadrer. Mais là où ce n'est pas le cas, il faut gérer leur présence. C'est assurément une distraction, parfois une gêne réelle. Mais il faut rester conscient que ce qui se joue dans la célébration eucharistique est bien plus que ce qui peut en être ressenti et exprimé immédiatement, y compris par les petits.

Au fond seuls les adultes sont gênés de leur attitude…

Je sais fort bien que ce n'est pas évident. Je suis chaque dimanche dans une paroisse différente et je n'y ai pas encore trouvé de recette universellement exportable. On peut les emmener à part pour une liturgie de la Parole, mais il reste à les garder attentifs ensuite. Si on assoit tous les enfants devant, à défaut d'avoir quelque chose à faire, ils voient mieux… et surtout les autres ne voient pas ce qu'ils font ! Mais il faut un adulte pour surveiller trois ou quatre bambins et un célébrant qui a les nerfs solides. Il y a aussi des parents qui gardent leurs enfants avec eux, en général pas dans les premiers rangs. Alors ces petits ne voient rien et ont du mal à rester tranquilles.

Que faire alors ? On ne va plus à la messe ?

La question est de savoir ce que les jeunes peuvent faire pendant la célébration de l'eucharistie pour y participer même s'ils ne sont pas encore en âge de communier. Je viens de parler des Servants d'autel. C'est une piste qui peut sans doute être mieux explorée. On peut aussi organiser de petites chorales, des processions pour l'offertoire et pour aller transmettre la paix avant la communion. Mais tout cela suppose deux choses :

– D'abord une préparation, du temps, un investissement dès la veille et juste avant la célébration. Si tout le monde arrive pile à l'heure ou en retard, c'est inutile d'essayer. Il ne s'agit pas seulement de trouver des gens disponibles, car il faut aussi expliquer aux enfants ce que l'on va leur faire faire et ce que cela signifie.

– Ensuite accepter que la messe dure plus d'une heure si l'on ajoute à la liturgie diverses modalités de participation des enfants. Ici la coopération des adultes est requise, et spécialement celle des gens qui ne sont pas encombrés d'enfants et qui voudraient que tout soit expédié sans « prolongations ».

Ce qui nous manque peut-être le plus à l'heure actuelle, c'est le sens de la fête : on ne va pas à la messe dominicale parce que c'est une obligation, parce que c'est le jour où il faut le faire – comme le lundi on retourne au travail ou à l'école –, mais parce que c'est un événement mobilisateur, un rendez-vous où l'on ne peut pas arriver les mains vides, mais où l'on recevra plus que l'on apporte et que l'on n'aura pas oublié depuis la semaine précédente.

Comment alors préparer notre venue à la messe ?

Il me semble que, si la messe doit être ce qu'elle est, un sommet, il ne faut pas trop perdre de vue le chemin qui y conduit, car on risque de se trouver le dimanche matin au pied d'une falaise qui aura l'air impossible à escalader d'un seul coup. Ce chemin, c'est la prière au jour le jour, quelques minutes consacrées à une page de l'Écriture, la conscience de la présence et de l'appel de Dieu dans la vie quotidienne. C'est la meilleure préparation à l'eucharistie dominicale et la motivation la plus efficace pour y participer et s'y investir à l'avance. Cela vaut pour les adultes, mais aussi pour les petits qui ont besoin qu'on leur explique en des termes convenant à leur âge pourquoi

Achevé d'imprimer en janvier 2011
sur les presses de la Nouvelle Imprimerie Laballery
58500 Clamecy
Dépôt légal : janvier 2011
Numéro d'impression : 012258

Imprimé en France

La Nouvelle Imprimerie Laballery est titulaire de la marque Imprim'Vert®

on les emmène là, et même pour les enfants plus grands dont l'évolution impose que les choses leur soient présentées de façon renouvelée.

Justement, il arrive que les grands enfants rechignent à suivre leurs parents à la messe. On est d'autant plus démuni que l'on ne sait pas toujours pourquoi, au-delà des prétextes du genre : « J'ai pas envie », ou : « Je me suis couché un peu tard hier soir et je suis fatigué », ou : « J'ai un boulot fou avec trois contrôles demain ». Comment réagir ?

Les adolescents ont besoin de personnaliser leur démarche. La messe où ils suivent les parents peut leur paraître ne pas répondre à cette exigence, ce qui n'est pas illégitime. En effet, l'expérience chrétienne ne peut pas être enfermée dans la vie familiale. Elle requiert de s'ouvrir à d'autres rassemblements d'Église. Les grands enfants peuvent participer à l'eucharistie lors d'une autre célébration le dimanche, ou dès le samedi soir – pour autant que le choix soit possible, évidemment ! Parfois on organise une messe régulière pour les jeunes.

C'est ce qui se passait autrefois : dans l'église à 11 heures le dimanche, il n'y avait pratiquement que des adultes. Pour les enfants des catéchismes, la messe était plus tôt, voire ailleurs, et pour les plus grands à un autre moment encore. Aujourd'hui où il y a moins de prêtres, moins de monde et donc moins de messes, ce n'est plus toujours réalisable, sauf dans de grosses paroisses. Mais il est alors possible de tenter de jouer sur un autre registre, en présentant l'eucharistie paroissiale du dimanche comme une ouverture ou un dépassement de la vie chrétienne en famille – ce qui n'est possible bien sûr que s'il en existe une, même minimale.

Et quand un jeune ne veut plus aller à quelque messe que ce soit et déclare se demander s'il a encore la foi ou même qu'il l'a perdue ?

C'est à prendre au sérieux, mais pas au tragique, parce que ce n'est pas irréversible. Tout ce qui a été semé peut encore germer. Si de nouvelles expériences n'ont pas déjà tout changé, le mariage puis la paternité ou la maternité ont des chances de conduire à reprendre les questions essentielles avec des perspectives difficilement imaginables en période de crise.

Quand les enfants « sèchent » la messe, on a un sentiment d'échec dans ce que l'on a transmis.

Les parents doivent alors accepter dans la prière la patience et la confiance que j'ai déjà évoquées[100], c'est-à-dire rester à l'écoute de Dieu et lui demander d'avoir part à son amour pour toute « brebis perdue »[101] de son troupeau, afin qu'il réconforte et si besoin renforce leur affection pour leur enfant sorti de leur communion dans la foi.

VII

Au-delà du noyau, le réseau familial

Le rôle et la place des grands-parents

Toute famille évolue : les jeunes grandissent et partent, les parents vieillissent… Quelle responsabilité ces derniers gardent-ils vis-à-vis de leurs enfants adultes, et que peuvent-ils faire pour leurs petits-enfants – ou que doivent-ils ne pas faire pour eux ?

C'est effectivement assez délicat, car on passe d'une relation entre parents et enfants à un rapport entre adultes. Pendant plus de vingt ans, vous avez eu une responsabilité et l'autorité correspondante vis-à-vis de votre fils ou votre fille et puis vient un moment où vous n'avez plus cette charge ni ce pouvoir. Vous ne répondez plus pour votre enfant ; il répond de lui-même. Il y a désormais une sorte de parité. Pour autant, aux yeux du jeune adulte, son père et sa mère demeurent des références. Ils n'ont plus à assumer les détails du quotidien partagé et leur mission éducative est achevée, mais il est bon qu'ils restent disponibles, non pas pour gérer l'existence de leur enfant et peut-être bientôt de leurs petits-enfants, mais pour les soutenir en portant un regard extérieur et cependant ni détaché ni indifférent. Ce décalage comporte sa part de distance, voire d'incompréhension, et pourtant il permet une liberté de parole, et procure une ressource, un recours, une sécurité.

Tout ceci n'est pas simple à gérer et l'on préfère souvent se taire, garder ses réflexions pour soi…

Le principal à mettre en œuvre dans ces relations entre parents et enfants qui ont pris leur autonomie, c'est de parler. Si l'on ne se dit rien, si tout reste implicite, il ne se passera pas grand-chose. Il ne s'agit plus d'échanger sur la vie commune, mais c'est une raison de plus pour s'informer sur les difficultés rencontrées de part et d'autre et s'interroger réciproquement sur les questions que l'on se pose, les projets que l'on a…

Comment les grands-parents peuvent-ils participer à l'éducation de leurs petits-enfants sans se substituer au père ou à la mère, sans empiéter sur leur responsabilité, sans être trop présents ?

Dans certains cas, nombreux aujourd'hui, les parents demandent aux grands-parents de les suppléer plus ou moins régulièrement, par exemple lorsqu'ils sont retenus par leurs obligations professionnelles. La situation n'est pas la même si le grand-père et la grand-mère habitent à 800 kilomètres ou s'ils vivent dans le même immeuble que leurs enfants. Je crois qu'il ne faut pas hésiter à aider ses enfants devenus parents s'ils en ont besoin, et surtout s'ils le disent et si leur conjoint est bien d'accord.

La tentation à laquelle il faut résister est de concevoir, à partir de sa propre expérience, un « programme » qui garantirait au jeune couple de réussir pourvu qu'il le suive. Certes, le mariage n'est pas l'alliance de deux individus sans racines. Il est – entre autres – le lieu de la rencontre (certes très partielle) de deux « lignées » dont chacune a sa culture, ses souvenirs, ses habitudes et même ses recettes de cuisine. Mais la nouvelle cellule qui prend forme sera quelque chose de nouveau et ne peut pas être simplement la juxtaposition des deux des coutumes des deux tribus dont elle provient. Les grands-parents ont facilement tendance à oublier que le conjoint de leur enfant a d'autres réflexes, d'autres traditions, et que la nouvelle famille ne peut être la duplication d'aucune des deux familles d'origine. Il y aura des emprunts forcément inégaux à chacun des deux côtés, qui s'ajoutent aux éléments originaux issus de la rencontre des personnalités des époux. Il faudra que leurs parents respectifs en prennent acte. En ce sens, leur mission d'éducation à la liberté ne s'achève jamais ; mais on pourrait dire que c'est désormais sur eux-mêmes qu'ils doivent travailler, et non plus sur leurs enfants. Ceux-ci sont désormais mariés et leur autonomie est un fait acquis et non plus un but.

Les grands-parents disent tout de même « nos » petits-enfants. C'est le signe qu'ils se sentent bien concernés...

Vous pouvez vous occuper de « vos » petits-enfants, à la condition de ne pas s'imaginer que, même si ce sont bien leurs père et mère qui vous les confient, vous allez les élever exactement comme vos propres enfants. Il faut que demeure une distance respectant l'identité de l'enfant, qu'il ne tient de nul autre que de ses deux parents. Ce n'est pas toujours facile, car on est porté à reproduire ce que l'on a connu comme si rien n'avait changé. Mais il faut vous rappeler que vous auriez sans doute mal supporté autrefois que les parents de votre conjoint imposent leurs principes et leurs manies. Aider n'est pas remplacer. C'est pour des grands-parents une forme d'ascèse. Se rendre disponible sans imposer ce que l'on est requiert ce que l'on peut appeler une conversion.

Les grands-parents ont-ils le droit de transmettre leur foi à leurs petits-enfants même si les parents n'ont pas envie de le faire eux-mêmes ?

Quand je parle d'ascèse, cela ne signifie pas faire comme si l'on était autre que l'on est. Le but est d'exercer sur les petits la responsabilité et l'autorité que l'on reçoit par délégation, d'une manière différente du temps où elles étaient pleines et entières. C'est-à-dire que le dialogue, qui a toujours été souhaitable et qui le reste avec les petits-enfants que l'on vous confie, devient indispensable avec votre enfant qui est devenu père ou mère et avec son conjoint.

Là encore, il faut parler. Eux le feront d'ailleurs : ils vous donneront un tas de consignes très minutieuses. Comment faire le biberon (depuis votre époque, les techniques ont évolué !), quels vêtements donner s'il fait plus froid, mouliner des légumes frais pour la soupe plutôt que d'acheter des petits pots, quelle est son histoire préférée au moment du coucher, l'heure et la durée de la sieste, etc., comme si vous ne saviez plus ce qu'est qu'un enfant. Vous pourrez alors ajouter un ou deux articles au catalogue : « D'habitude, on va à la messe le dimanche. Est-ce que croyez qu'on peut les emmener ? Quand on est entre nous, on dit le bénédicité. Ça ne vous gêne pas qu'on continue ? Vous leur faites chanter une petite prière le soir ? Nous, on ne demande pas mieux que de le faire », etc. Entre imposer et se taire, il y a de la place pour proposer.

Accompagner jusqu'au bout ses propres parents

Les grands-parents peuvent aider. Mais au fur et à mesure qu'ils vieillissent, ils vont avoir de plus en plus besoin d'être eux-mêmes aidés. Comment faire ce qu'il faut pour ses propres parents, ou ses grands-parents qui deviennent dépendants et arrivent en fin de vie, quand on est déjà débordé avec sa vie professionnelle, son conjoint, ses enfants ?

C'est encore une question à laquelle il n'existe que des réponses particulières suivant les situations. D'abord parce qu'il n'y a pas un seul modèle de « fin de vie » (c'est plus ou moins brutal) et parce que les choses sont très différentes selon que la personne vit seule ou non et selon les capacités du conjoint qui est toujours là. Ensuite, si l'on prend un cas de figure classique, un couple n'a pas plus de quatre ascendants. Mais dans le cas d'une famille « recomposée », il peut y en avoir beaucoup plus. En ce cas, on ne peut pas faire une obligation morale d'assumer intégralement toutes les dépendances de la génération précédente. C'est humainement infaisable. Les gens n'en ont pas les possibilités financières ni pratiques.

C'est tout de même une question nouvelle de ce XXIe siècle…

C'est une question très importante pour l'Église, qui se rend clairement compte qu'avec notre démographie, il y aura à terme un besoin qui ne pourra pas être satisfait aisément. Se contentera-on de parer tant bien que mal au plus pressé, avec des gens qui ne s'occuperont des personnes âgées que parce qu'ils ne trouvent rien de mieux à faire ? Il faut souhaiter que des hommes et des femmes décident de se consacrer à l'assistance des vieillards dépendants, et que cette tâche soit considérée comme une mission non seulement nécessaire mais encore pleine de noblesse, liée à la dignité de l'humanité et, d'un point de vue chrétien, manifestant l'amour que Dieu ne cesse de porter à ceux qui sont diminués, qui souffrent et qui meurent.

Il existe déjà des services d'aide à domicile.

C'est une solution qui a de l'avenir, à condition qu'on en fasse la promotion. Mais en ce domaine, la demande suffit-elle à susciter une offre adéquate ? Il y a la question d'une assistance médicale correcte, qui n'est déjà pas simple à mettre en œuvre à domicile. Mais il y a aussi le besoin d'un accompagnement personnalisé, qui réponde à une exigence affective face à l'invincible angoisse de l'impuissance dans la solitude, du renoncement forcé à beaucoup de choses, puis à tout… Les relations avec quelqu'un qui pressent plus ou moins que sa maladie est « terminale » supposent, de la part de ceux ou celles qui l'assistent, bien plus que des compétences professionnelles pour les soins. Elles exigent un véritable don de soi. Les personnels dont c'est le métier peuvent être dévoués, gentils, mais ils ont leur vie ailleurs. Cela veut dire que la présence auprès des mourants est une voie de consécration dont on n'a pas encore mesuré l'urgence ni le défi spirituel qu'elle pose.

Les enfants adultes se sentent une responsabilité et une dette vis-à-vis de leurs parents. Beaucoup culpabilisent de devoir mettre leur père ou leur mère âgés dans une maison spécialisée…

C'est effectivement un point sensible, car pour une part nous avons tendance à estimer que la qualité d'une relation repose sur ce que l'on fait ensemble. Que ses parents âgés soient chez eux ou dans une maison de retraite, dès l'instant où l'on ne peut plus rien faire avec eux, on a l'impression que la communication est coupée. Rendre des services pratiques, c'est établir et entretenir un rapport avec une réciprocité. Mais quand on va rendre visite à quelqu'un qui est cloué au lit et avec qui la conversation est difficile, voire impossible, on se demande pour quoi on est venu. C'est alors que l'on est ramené au cœur de la relation, à s'interroger, à chercher et peut-être à trouver ce qui reste en commun, ce qui ne cesse de nous lier même quand nous ne pouvons plus partager.

La famille au sens large

Dans la famille, il y a aussi les tantes, les oncles, les cousines et les cousins. Mais les uns et les autres sont bien souvent dispersés dans toute la France, voire beaucoup plus loin. Quel intérêt y a-t-il à entretenir ces liens de parenté au-delà des moments où il est naturel de réunir tout le monde, c'est-à-dire les mariages, les enterrements, éventuellement Noël autour de tels grands-parents ?

Les grands-parents jouent effectivement un rôle essentiel dans le maintien d'une certaine unité entre tous leurs descendants. Au fond, la question est de savoir ce que signifie appartenir à une famille et comment on la définit aussi bien concrètement qu'affectivement. Les liens ne peuvent pas être exactement les mêmes entre tous. On sera plus proche de tels cousins parce qu'ils sont du même âge et que l'on aura vécu quelque chose avec eux à l'occasion de vacances. Le problème est la quantité mais aussi la qualité des signes qui manifesteront que les membres de la famille ont en commun le partage des mêmes ascendants, et que cela constitue une part irrécusable de l'identité de chacun. Sans attendre les mariages et les enterrements, on peut profiter de rassemblements périodiques, des anniversaires ou des traditions qui entretiennent la conscience d'appartenir à un réseau, non pas comme un membre passif, mais comme quelqu'un qui y est reconnu, qui y a sa place sans que personne d'autre puisse l'occuper ni qu'il soit indifférent qu'elle reste vide.

L'intégration des conjoints – des « pièces rapportées » comme on disait parfois, ou des « valeurs ajoutées » comme on dit joliment maintenant – peut être facilitée par la découverte de la variété au sein de l'unité de leur nouvelle tribu. On a en effet davantage de chances de s'insérer dans un grand rassemblement familial où la diversité des personnes offre toute une gamme de portes d'entrée. Il est normal que, dans un groupe assez nombreux, se développent des affinités plus électives que la proximité imposée de la belle-mère ou d'un beau-frère avec qui l'on n'aurait pas sympathisé spontanément. Les liens plus personnels renforcent ceux de la famille au sens large.

Il se produit néanmoins dans les familles des crises qui ne peuvent pas toujours être dénouées par le dialogue. N'y a-t-il pas des cas où les égoïsmes et les incompréhensions justifient des prises de distance, voire des ruptures ?

Il est vrai que le dialogue et la bonne volonté peuvent s'avérer insuffisants. De plus, le lien avec oncles, tantes, cousins, cousines, et même frères et sœurs, surtout s'ils sont mariés, n'est pas aussi fondamental et profond que celui qui unit des époux, même si c'est un lien de sang, d'une certaine manière irrécusable. Il y a entre les conjoints une interdépendance et une solidarité qui ont leur source dans l'engagement réciproque et qui font que l'on ne peut pas prendre ses distances, ni affectivement ni en évitant les rencontres, comme c'est possible vis-à-vis des membres de la famille au sens large avec lesquels on s'entend moins bien. C'est pourquoi les dissentiments sont plus douloureux dans le cas d'un couple en crise. Il faut échapper à une tendance actuelle qui cherche à assimiler les tensions entre époux à des tensions entre membres de la même lignée familiale. En cas de crise dans la famille au sens large, le rapport entre les époux doit donc être protégé d'une manière privilégiée.

Dans la plupart des familles, il y a parfois une « brebis galeuse ». N'est-il pas naturel de « couper les ponts » afin de se protéger ?

On m'a parlé il y a peu d'une famille où, à l'occasion d'un décès brutal, la sœur du défunt s'est manifestée, alors que son frère avait coupé les ponts avec elle depuis quinze ans – depuis le décès de leur mère, sans que cette dame sache pourquoi. Les deux enfants de cette femme, les neveux du défunt donc, ont dit : « Nous supposons qu'il y a eu un sérieux problème, mais nous nous demandons bien lequel. En tout cas, cela nous a beaucoup privés, car nous étions attachés à cet oncle et d'un seul coup nous ne l'avons plus revu ».

Cette anecdote montre que, dans la famille large – frères, sœurs, cousins, cousines –, même si les relations ne sont pas aussi intimes qu'entre époux ou parents et enfants, elles ne sont pas simplement sociales. Avec des amis, des relations de travail, de loisirs ou des voisins, si à un moment donné les choses tournent mal, vous ne vous voyez plus ou vous réduisez la fréquentation au minimum inévitable. Vous n'avez pas d'autres liens que ceux que vous voulez bien accepter et vous restez par conséquent libre de les dénouer et même de les rompre. Les liens familiaux au contraire ne sont pas de ceux que l'on se donne et dont on peut en conséquence se débarrasser, car ils sont reçus. Nous ne pourrons jamais faire que les membres de notre fratrie et leurs descendants ne soient plus rien pour nous. Si l'on peut dire que l'on ne choisit pas sa famille, c'est qu'elle nous est en effet donnée. Dans l'identité personnelle, c'est une dimension qui n'est certes pas centrale, mais qui demeure indélébile pour tout le monde.

Dans le noyau familial, il y a parfois des crises graves et douloureuses qui font peur parce qu'on ne voit pas ce qui peut faire changer les choses.

Il convient d'accepter de reconnaître que l'histoire dure longtemps et qu'une situation de blocage n'est pas fatalement irréversible. Par exemple, dans le cas de cet homme dont j'ai parlé et qui s'était comporté pendant quinze ans comme si sa sœur n'existait plus, peut-être l'aurait-il finalement revue s'il n'était pas mort si tôt et si brutalement. Des gens ont beaucoup de peine à accepter que leurs enfants ne se marient pas alors qu'ils vivent en couple ou que leurs petits-enfants ne soient pas baptisés. Mais ce n'est peut-être qu'un moment de leurs itinéraires. Il leur reste du temps pour découvrir quelque chose, pour changer.

Je connais une femme encore jeune, qui a épousé à quarante ans l'homme dont elle avait eu des enfants, lesquels étaient déjà adolescents. Ils vivaient donc ensemble depuis quinze ans et puis, pour des raisons qui m'échappent, ils ont décidé de se marier. Si l'on s'était braqué sur les premières années de la vie de ce couple, on aurait dit que ça démarrait mal, que c'était immature, irresponsable, etc. Il faut donc ne jamais désespérer, rester attentif à ce qui est vécu, accompagner, aider à cheminer si c'est possible. L'erreur est de casser en disant : « Puisque tu as fait cela, maintenant c'est fini entre nous ». C'est cette attitude de rejet, de jugement et de condamnation qui est irresponsable et en tout cas peu chrétienne[102].

Tous les enfants de l'unique Père

Finalement, peut-on concevoir la famille idéale ? Vous nous avez dit que l'Évangile ne fournit pas de modèle et que la Sainte Famille n'est pas un prototype reproductible[103]*. Alors où se tourner ?*

Le modèle parfait de la communion, c'est la Trinité – donc pas exactement une famille humaine ! Mais c'est aussi l'Église, en tant que rassemblement des êtres humains autour de leur unique Père, dans son Fils et grâce à leur Esprit.

Reprenons la page d'Évangile où Jésus demande : « Qui est ma mère ? Qui sont mes frères ? ». Il répond lui-même : « Quiconque fait la volonté de mon Père qui est aux cieux, celui-là est pour moi un frère, une sœur ou une mère[104] ». C'est un type nouveau de famille qui apparaît ici. Il ne repose plus uniquement sur la relation entre mari et femme, sur la procréation et sur l'éducation des enfants, sur le cousinage, mais ultimement, et sans que ces autres dimensions soient invalidées, sur une communauté d'objectif, qui est d'« écouter la Parole de Dieu et la mettre en pratique[105] ».

Le modèle que propose le Christ n'est donc pas celui de relations entre les personnes au sein d'une cellule composée des parents et de leurs enfants ni dans le cadre d'une tribu ou d'un clan. Il s'agit plutôt d'une orientation commune de toute l'existence dans l'attention aux appels de Dieu. Se constitue ainsi une famille bien plus large, potentiellement coextensive à l'humanité – celle de tous les « enfants de Dieu » – sans que les « liens du sang » soient pour autant niés ni même minimisés.

En comparaison, les rapports entre Joseph, Marie et l'enfant Jésus à Nazareth tels que nous nous les représentons ne fournissent pas tellement d'idées pour structurer la vie familiale selon l'Évangile. L'épisode au Temple de Jérusalem, lorsque Marie et Joseph retrouvent enfin leur fils, est en un sens plus « parlant ». Car l'élément décisif n'est pas la relation de dépendance mutuelle, mais la priorité qui pousse Jésus à s'étonner : « Je me dois aux affaires de mon Père, ne le saviez-vous pas ? » Cela n'empêche pas que le récit ajoute aussitôt : « Il retourna avec eux à Nazareth et il leur était soumis, grandissant en sagesse, en taille et en grâce devant Dieu et devant les hommes[106]. »

VIII

Au sein de la société contemporaine

Affronter ou se laisser marginaliser ?

Vivre une vie chrétienne en famille peut être source de beaucoup de grâces. Mais comment faire comprendre autour de nous qu'il existe un mode de vie différent de celui que promeuvent les médias et la culture ambiante et qui vaut la peine d'être vécu ?

La situation contemporaine des chrétiens dans le monde n'est pas spécifique à notre époque. Il en a toujours été ainsi. L'Évangile reste comme un corps étranger dans toute société. Une civilisation peut se proclamer chrétienne. L'organisation politique et le droit peuvent donner une place plus ou moins grande à l'Église, la culture peut être imprégnée de la Bible, le calendrier peut être modelé sur l'année liturgique. Mais aucune société n'englobe l'Évangile. Elle ne peut au mieux en donner à percevoir qu'un reflet.

La foi induit nécessairement une distance critique avec quelque société que ce soit. Elle ne peut pas être le simple produit de conformismes. La meilleure preuve en est peut-être que les régimes de chrétienté qui ont existé en Europe n'ont eu qu'un temps et que le christianisme leur a survécu, même s'il a souffert d'avoir été identifié à ces institutions lorsqu'elles ont été remises en question par les évolutions de l'économie, des modes de vie et de la pensée.

Alors, comment être chrétien dans le monde ?

Comment les chrétiens peuvent-ils assumer d'être immergés dans une civilisation sans y être absorbés et dissous ? Ce ne peut être que par la foi, sans qu'il y ait de compromis possible. Le décalage par rapport à l'existence commune, vécue sans référence à Dieu, est donc inévitable. On ne peut donc pas échapper à la confrontation, voire à la contestation – par non-conformisme et non par agressivité. Un danger est de considérer que le monde est irrécupérable et de s'aménager une oasis où l'on installe pour attendre tranquillement la fin des temps. Or ce n'est pas cohérent avec la foi. Je l'ai déjà dit à propos de l'école[107]. L'avènement du règne de Dieu n'interviendra pas là seulement où ceux qui se veulent ses fidèles en auront préparé les conditions, mais consistera en une « récapitulation de toutes choses dans le Christ[108] ». Il faut donc ne rien brûler de ce qui pourrait être intégré et laisser l'Esprit Saint « poursuivre son œuvre dans le monde[109] » sans condamner, fuir ni abandonner tout ce qui sera sauvé sans que l'on imagine comment.

Une parabole éclairante à cet égard est celle du bon grain et de l'ivraie, c'est-à-dire des mauvaises herbes qui poussent au milieu du blé[110]. Le tri ne pourra être fait qu'à la moisson, c'est-à-dire à la fin des temps et de l'Histoire, car si l'on veut nettoyer le champ avant, on risque fort d'arracher des pousses fécondes avec celles qui sont stériles et nuisibles. Créer de petites sociétés « pures » n'est pas une solution.

La position des chrétiens dans la société où ils vivent a été définie dans l'*Épître à Diognète* que j'ai déjà implicitement évoquée[111]. Ils sont complètement *dans* le monde tout en sachant que ce monde finira. Dieu seul est l'Éternel, l'Absolu. Un système qui se veut chrétien ne peut prétendre à aucun absolutisme, puisque la foi fait reconnaître que l'Absolu n'est pas *de* ce monde et qu'en dehors de Dieu tout y est relatif. Soutenir le contraire est une usurpation idolâtrique. Le métier, la fortune, la propriété, les relations et même l'amour humain : tout cela est précaire et a une fin, et aucune passion n'est digne de régir toute une vie. Comme le disait sainte Thérèse d'Avila : « Seul Dieu suffit – *Solo Dios basta* ». Le chrétien est donc appelé à vivre dans une liberté totale vis-à-vis de son environnement humain. Cela veut dire qu'il ne doit ni l'ignorer ni le mépriser, ni à l'inverse se laisser conditionner par lui.

Mais cela veut dire aussi que, dans un monde où tout est relatif, le chrétien est un témoin de l'Absolu. Sa liberté consiste à montrer par son comportement et ses paroles qu'il existe une autre logique que celles du pouvoir, de l'argent et du désir. Ce sont justement les trois points faibles de l'humanité, sur lesquels Satan essaye de détourner Jésus de sa mission, après avoir constaté qu'au bout de quarante jours de jeûne dans le désert, il a faim, et qu'il n'est donc peut-être qu'un homme comme les autres[112]. Témoigner de l'Absolu, c'est bien se montrer capable de relativiser, en actes et (si l'occasion s'en présente) en paroles, la fascination pour la domination, l'assurance que donnent les moyens financiers et la séduction de toutes les formes de jouissance.

N'est-ce pas se montrer dogmatique et même sectaire que de déclarer que Dieu seul est absolu ? Quand on dit par exemple que seul Jésus est « le Chemin, la Vérité et la Vie[113] *», cela paraît un peu raide et ne « passe » généralement pas très bien.*

Ce n'est pas une affirmation d'ordre idéologique, censée contraindre les auditeurs à l'adhésion. C'est l'expression, empruntée à sa source même dans l'Évangile, d'une expérience qui change concrètement toute votre vie si vous croyez que Jésus de Nazareth révèle le mystère et le but de l'existence, vous invite à le suivre et l'imiter, et vous donne accès au bonheur de son éternité, au-delà de la mort et même dès à présent. C'est une déclaration sincère, que chacun reste libre d'examiner, d'accepter ou de refuser. Et ce n'est pas une opinion qui voudrait s'imposer comme une évidence ; c'est plutôt une lumière[114] qu'il est impossible de cacher quand elle vous guide et quand l'on s'étonne que vous n'alliez pas dans le même sens que tout le monde.

Les chrétiens ne doivent-ils pas cependant se résigner le plus souvent à la discrétion et à la marginalité ?

Certainement pas ! Toutefois, il ne s'agit pas de prendre la parole à tort et à travers. Il y a un discernement à exercer, lié à la charité, cette charité qui doit transparaître dans toutes nos paroles et nos actions, et peut-être tout particulièrement dans la manière dont nous vivons les réalités conjugales et familiales. La question n'est pas de savoir si j'ai le droit ou le devoir de dire quelque chose, mais si cela peut aider qui que ce soit.

Jésus, à plusieurs reprises, commence par demander que l'on se taise. Par exemple après la Transfiguration, il ordonne aux trois disciples qui étaient avec lui sur la montagne où il est apparu illuminé de gloire en compagnie de Moïse et d'Élie de ne rien raconter jusqu'à sa Résurrection[115]. Cette consigne de silence se comprend sans doute ainsi : il serait vain de donner un message de salut à des destinataires incapables pour l'instant de l'accueillir[116] ; d'ailleurs, ceux qui sont chargés de le transmettre ne le comprennent pas[117] « parce que l'heure n'est pas encore venue[118] ». C'est la raison pour laquelle le Christ lui-même s'échappe à maintes reprises face à ceux qui le provoquent ou veulent lui faire un mauvais parti[119], jusqu'à ce que soit venu le moment, l'« heure », où il doit être « livré aux mains des pécheurs »[120] – c'est-à-dire où il ne va plus seulement leur prêcher la conversion ni leur offrir de simples signes, mais donner très concrètement sa vie pour eux, en les aimant « jusqu'au bout »[121], même s'ils le haïssent, pour affronter, subir et vaincre le Mal par lequel la mort est entrée dans le monde et l'a corrompu.

Comment s'articulent témoignage et don de soi, paroles et actes ?

Le disciple de Jésus « n'est pas plus grand que son maître[122] ». Le Christ ne s'est pas précipité vers la Croix mais, pour que le sens en soit perçu et les fruits accessibles, il a déployé toute une pédagogie qui comportait, outre des paroles et des actes, des silences et des esquives. Cette stratégie reflète non pas des hésitations ou des réticences à remplir sa mission, mais au contraire une parfaite fidélité au dessein de son Père et une totale docilité à l'Esprit Saint. Car cette mission ne consiste pas à tout régler comme par magie au prix d'une formalité dont l'héroïsme ne serait dû qu'à son caractère extrêmement pénible, mais à restaurer la liberté humaine sans la violer, en lui montrant ce qu'aimer vraiment veut dire et en lui demandant de s'ouvrir à la grâce qui lui permet de dépasser ses limites.

Lorsque les chrétiens sont amenés à manifester leur différence, ils ne sont donc pas placés devant l'alternative : pousser le témoignage jusqu'au martyre ou bien se ranger parmi ces « tièdes que Dieu vomit[123] ». Ils doivent bien plutôt s'interroger en référence à la charité dont ils sont appelés à être les hérauts : « En quoi puis-je aider ceux qui m'interpellent ? Comment puis-je les faire bouger et progresser ? » La tentation est alors de se regarder soi-même, de se juger en fonction de l'efficacité de son discours, alors qu'il est des circonstances où l'amour ne peut que rester muet, face à l'hostilité et aux incompréhensions. La vraie question est du coup de s'interroger sur son adhésion au dessein du Père, sur les exemples laissés par le Christ et sur la disponibilité que l'on garde à l'action de l'Esprit Saint. Il existe certes des contextes où il faut parler, mais il en est aussi où il vaut mieux se taire sans désespérer ni de soi-même ni des autres, et encore moins de la patience de Dieu.

À qui s'adresser et comment ?

Dans nos églises, on voit beaucoup de cheveux blancs et les plus jeunes semblent plutôt issus de milieux dits favorisés. Ne pensez-vous pas qu'en France à l'heure actuelle, le catholicisme ne rassemble qu'une minorité finalement assez peu diversifiée ?

Ce n'est pas entièrement exact. Si vous allez à la messe que je préside tous les dimanches soir à Notre-Dame de Paris, vous verrez qu'il n'y a pas que des personnes âgées et des familles « bourgeoises ». Vous trouverez une majorité de gens modestes dont beaucoup de jeunes, des personnes dont la tenue ne suggère pas l'aisance matérielle ou culturelle. La composition sociologique de l'assistance à une messe dépend de l'endroit : ce n'est pas la même chose dans un grand sanctuaire où l'on vient parfois de loin et dans une paroisse située dans un quartier résidentiel.

Et puis nous sommes dans un pays qui vieillit. S'il y a proportionnellement moins de jeunes dans la société, il n'est pas surprenant qu'ils soient moins nombreux dans les églises qu'au temps du *baby-boom* et que les enfants de ces générations d'après-guerre aient vieilli et soient devenus ces « anciens » dont la présence est désormais peut-être plus visible.

Mais il faut prendre en compte un autre facteur encore. C'est que, pour s'intéresser à des questions religieuses et spirituelles, il faut un minimum de disponibilité d'esprit, laquelle requiert une certaine sécurité matérielle permettant de surcroît des loisirs. Aujourd'hui, l'heure hebdomadaire pour l'eucharistie dominicale tend à ne plus suffire pour la pratique explicite de la foi, parce que la culture ambiante est moins imprégnée par le christianisme que jadis et qu'il y a des choix à faire et des décisions à prendre et à tenir. Dès lors, qui dispose du temps à consacrer aux réunions, aux groupes de réflexion, à la préparation au baptême et au mariage, à l'animation d'un groupe de catéchisme, aux activités caritatives – autrement dit à tout ce qui, en plus de la prière quotidienne et de la fréquentation de l'Écriture en privé (si l'on y arrive), découle de la vie sacramentelle et la remotive sans cesse ? Pas ceux que l'on appelait autrefois les « pauvres » et qui ont besoin de toute leur énergie pour survivre, retrouver un emploi, un logement... Pas davantage ceux qui sont un peu mieux lotis mais n'ont pas les moyens d'habiter à proximité de leur lieu de travail, passent des heures chaque jour dans les transports en commun et rentrent épuisés tard chez eux le soir pour en repartir le lendemain aux aurores. Et les opportunités ne sont pas tellement meilleures pour les « cadres », souvent accaparés par leurs obligations professionnelles et aussi par leurs jeunes enfants. Si l'on organise quelque chose pour eux à 18 heures, c'est trop tôt. À 20 heures, c'est le moment où ils couchent leurs enfants et soufflent un peu. Et à 22 heures, il faut qu'ils songent eux-mêmes à prendre du repos.

Dans ces conditions, il n'est pas étonnant que ceux qui sont les plus disponibles soient des personnes qui n'ont pas de soucis immédiats et plus d'enfants à charge, c'est-à-dire des gens en fin de carrière ou retraités.

À tout ceci, il faut ajouter deux considérations qui ont également leur importance. La première est que la mobilité à laquelle sont aujourd'hui contraints les jeunes en fin d'études et entrant dans la vie professionnelle ne leur donne guère la possibilité de s'investir dans une activité d'Église, parce que cela réclame une certaine stabilité et une continuité. La seconde est que les êtres humains sont ainsi faits que le confort dont ils peuvent jouir et les facilités qu'il leur procure ne les poussent que rarement à l'ouverture métaphysique et à l'engagement altruiste.

Alors peut-on en conclure que vivre en catholique aujourd'hui, c'est un luxe parmi d'autres, et dont il faut avoir envie ?

C'est excessif. Je vais chaque dimanche dans une paroisse différente, et je constate qu'il y a des gens de tous les âges, beaucoup plus que jadis. Dans ma jeunesse, on voyait très peu d'hommes à la messe. Il y avait des femmes plutôt âgées et pas beaucoup de jeunes (en partie certes parce qu'il y avait souvent des messes pour eux, dans le cadre du catéchisme ou de l'aumônerie). Mais aujourd'hui, le samedi soir, le dimanche matin ou le dimanche soir, ou lorsqu'il est impossible d'organiser des célébrations pour telle ou telle catégorie, on voit rassemblés en rangs serrés des gens en pleine force de l'âge, des couples, des familles entières, des jeunes isolés ou en petit groupe. La plupart de ces gens-là ne peuvent pas en faire plus. Si on leur propose un effort exceptionnel deux ou trois fois dans l'année, ils peuvent répondre. Mais on peut difficilement attendre davantage, étant donné le rythme sur lequel ils vivent et tout ce à quoi ils doivent faire face.

Alors, qu'advient-il de ceux qui sont dépassés et n'ont pas la force ou les moyens de rejoindre la communauté chrétienne ?

Ce que je décrivais pose deux problèmes. D'une part une question qui mérite d'être débattue pas seulement au sein de l'Église, parce qu'elle concerne la société tout entière : est-il conforme à la dignité de la personne humaine qu'il soit si difficile de prendre du recul, de réfléchir, d'échanger, de s'ouvrir ? Il n'y a pas que les obligations professionnelles qui y font obstacle. Dans le cas des plus défavorisés, ce sont les impératifs de survie. Et il y a aussi toutes les sollicitations pour lesquelles on abandonne trop vite le peu de liberté que l'on garde. Il ne s'agit pas de condamner la détente en y voyant ce que Pascal appelait du « divertissement », c'est-à-dire des activités qui détournent de l'essentiel, mais on peut se demander comment aider à hiérarchiser les options, à choisir plutôt que de réagir à des stimuli, à analyser les conditionnements auxquels on est soumis, à prendre en compte le passé, à penser l'avenir… On retrouve ici toute la perspective de l'éducation.

D'autre part, il y a là également un défi pour l'Église. Car si les gens ne disposent en moyenne que d'une heure et demie par semaine à consacrer à Dieu en dehors de chez eux, il faut s'interroger pour savoir si ce qu'on leur propose est susceptible de les faire progresser. Si beaucoup ne viennent qu'une fois par semaine ou de temps en temps, on n'a pas le droit de les laisser repartir en ronchonnant : « Qu'est-ce que j'ai été faire là-dedans ? Il n'y aura pas de prochaine fois ». L'objectif doit être au contraire qu'ils se sentent mieux en sortant et se disent que ça ne leur ferait pas de mal de recommencer.

D'où l'importance de ce que l'on appelle la piété populaire, c'est-à-dire des modes d'expression qui peuvent paraître frustes, qui ne véhiculent pas un message très élaboré, mais qui permettent aux « pauvres en esprit » (quelle que soit leur situation économique) une adhésion affective, une participation réelle même si elle n'est pas intellectualisée.

Il faut que ces pratiquants occasionnels ou intermittents puissent faire un premier pas pour avoir une chance de franchir de nouveaux seuils. Ils ne vont pas intégrer d'emblée tout ce qu'enseigne l'Église ni adopter d'un seul coup tout ce qu'elle préconise dans le domaine moral en développant la logique de la foi. Il faut d'abord qu'ils y aventurent un pied incertain. Il faut qu'ils soient accueillis, même si leur formation et leur motivation ne sont pas au niveau des « habitués » qui sont là. C'est ainsi, me semble-t-il, que la foi évitera de devenir chez nous un luxe pour nantis et que se renouvelleront dans notre société le sens de la fidélité du couple et l'expérience que la famille est l'incarnation à la fois la plus ordinaire et la plus achevée humainement de ce qu'aimer veut dire.

Notes

1. Depuis l'encyclique *Rerum novarum* (1891) de Léon XIII à la fin du XIXe siècle où les sociétés se sont mises à réfléchir sur leurs structures, la « doctrine sociale de l'Église » a été régulièrement développée et actualisée, avec notamment *Quadragesimo anno* (1931) de Pie XI, *Mater et magistra* (1961) et *Pacem in terris* (1963) de Jean XXIII, *Gaudium et spes* (1965) du concile Vatican II, *Populorum progressio* (1967) de Paul VI, *Redemptor hominis* (1979), *Laborem exercens* (1981), *Solicitudo rei socialis* (1987) et *Centesimus annus* (1991) de Jean-Paul II, *Deus caritas est* (2006) et *Caritas in veritate* (2009) de Benoît XVI, sans compter les textes proposés par les conférences épiscopales de différents pays. Le *Compendium* (résumé synthétique des documents alors disponibles) publié en 2004 par la Commission pontificale « Justice et Paix » du Vatican comporte un chapitre entier d'anthropologie à la lumière de la Révélation et un autre sur la famille. L'enseignement de l'Église sur le couple et l'éducation fait donc partie d'un ensemble beaucoup plus vaste, dont il ne peut être séparé et qui découle lui-même de la mission confiée aux apôtres, comme on le voit déjà en de nombreux passages des épîtres de saint Paul où l'apôtre traite des retombées concrètes de la foi dans la vie collective et dans le domaine privé.

2. Matthieu 5, 43.

3. L'essentiel a été résumé dans *Homme et femme il les créa*, Cerf, Paris, 2004. Pour une vulgarisation, voir Yves SEMEN, *La Sexualité selon Jean-Paul II*, Presses de la Renaissance, Paris, 2005 et *La Spiritualité conjugale selon Jean-Paul II*, *ibid.*, 2010.

4. 2 Corinthiens 3, 17.

5. 1 Corinthiens 6, 12 ; 10, 23 ; Galates 6, 13.

6. Luc 15, 11-32.

7. Luc 15, 31-32.

8. Voir Marc 8, 33 et Matthieu 16, 23.

9. Matthieu 20, 1-16.

10. Matthieu 18, 12-14 et Luc 15, 3-7. Voir aussi Matthieu 9, 10-13 ; Marc 2, 17 ; Luc 5, 31.

11. « Commerce » ne signifie par seulement vente et achat de marchandises, mais aussi relation et manière de se comporter avec autrui.

12. Sur Louis (1823-1894) et Zélie (1831-1877) Martin, parents de saint Thérèse de Lisieux (1873-1897, béatifiée en 1923, canonisée en 1925), voir *Correspondance familiale, Louis et Zélie Martin, 1862-1888*, éditée par Mgr Guy GAUCHER, Cerf, Paris, 2004 (réédition 2008) ; Alice et Henri QUANTIN, *Zélie et Louis Martin, les saints de l'escalier*, Cerf, Paris, 2004 ; Hélène MONGIN, *Louis et Zélie Martin, les saints de l'ordinaire*, Éditions de l'Emmanuel, Paris et Paray-le-Monial, 2008 ; Jean CLAPIER, *Louis et Zélie Martin, une sainteté pour tous les temps*, Presses de la Renaissance, Paris, 2009.

13. Il s'agit de Luigi (1880-1951) et Maria (1884-1965) Quattrocchi, béatifiés en 2001. Leur fête (dans le diocèse de Rome) a été fixée à la date de leur mariage, puisque l'on ne pouvait prendre, comme dans le cas d'autres bienheureux, celle du décès de l'un ou de l'une seulement ni celles des deux. Voir Attilio DANESE et Giulia-Paola DI NICOLA, *Une auréole pour deux*, Éditions de l'Emmanuel, Paris et Paray-le-Monial, 2004.

14. Par exemple saint Louis (1214-1270), bon roi mais aussi bon fils, bon époux et bon père, saint Thomas More (1478-1535) et sainte Jeanne de Chantal (1572-1641).

15. 2 Samuel 11, 2 à 12, 25.

16. Genèse 12, 10-20 ; 20, 1-18 ; 26, 1-11.

17. Genèse 24.

18. Genèse 25, 21-34 ; 27, 1-45.

19. Genèse 33, 1-17.

20. C'est toute la fin du livre de la Genèse : 37, 2 à 50, 26.

21. Genèse 4 1-16.

22. Sur tous ces épisodes, voir successivement dans le livre de la Genèse : 39, 7-23 ; 34 ; 35, 22 ; 46, 10 ; 38.

23. Voir le livre de Ruth. Selon la loi du lévirat, le mari décédé doit, afin que sa descendance soit assurée, être remplacé auprès de la veuve par un autre membre de la famille. C'est ce qui se produit dans le cas de la païenne Tamar (Genèse 38) : elle est veuve de l'aîné de Juda, puis du second fils (Onan, qui refuse de déposer en elle sa semence). Elle réussit par un subterfuge à avoir un enfant de son beau-père.

24. Voir ci-dessus la note 16.

25. Osée 1, 2 à 3, 3. Cette intuition se retrouve chez les plus grands prophètes : Isaïe (1, 21 ; 50, 1 ; 54, 6-7 ; 62, 4-5), Jérémie (2, 2 ; 3, 1 et 6-12) et Ézéchiel (16 et 23).

26. Matthieu 19, 3-9, se référant à Lévitique 18.

27. À partir de Luc 2, 6-20.

28. Luc 2, 39-52. Ce qui précède dans l'évangile de Luc (circoncision et présentation au Temple – 2, 21-28) illustre l'observance des prescriptions de la Loi et le destin messianique de Jésus, mais pas la vie de famille.

29. Matthieu 12, 46-50 ; Marc 3, 31-35 ; Luc 8, 19-21 ; Jean 7, 2-10.

30. Jean 2, 4. Jésus réagit un peu de même face à Marthe qui voudrait que sa sœur l'aide à recevoir leurs hôtes (Jean 12, 2-8).

31. Jean 19, 25-27.

32. C'est la formule utilisée par Jésus lorsqu'il institue l'Eucharistie selon Marc 14, 24.

33. Éphésiens 5, 21-33.

34. Le nombre des sacrements a été définitivement fixé à sept (baptême, eucharistie, confirmation, réconciliation, ordre, mariage et onction des malades) au concile de Lyon en 1274. Dans l'Église catholique, les rites qui ne sont pas reconnus comme des sacrements sont appelés des « sacramentaux » : bénédictions diverses (y compris pour les repas et pour des missions comme celles d'abbé d'un monastère, lecteur, acolyte ou catéchiste), vœux religieux, consécrations de vierges et de veuves, exorcismes, dévotions envers la Mère de Dieu (rosaire) et les saints (pèlerinages), etc.

35. Voir Matthieu 19, 4-6, où Jésus cite Genèse 2, 24.

36. C'est la famille que Jésus se reconnaît : voir ci-dessus les références données à la note 29.

37. Sur tout ceci, voir Matthieu 19, 10-12, ainsi que 1 Corinthiens 7.

38. Luc 20, 35-36, Matthieu 22, 30.

39. Les parents Martin et les Quattrocchi : voir ci-dessus les notes 12 et 13.

40. Voir ci-dessus la note 14.

41. À partir des apparitions de Jésus après Pâques : Matthieu 28, 9-10 ; Marc 16, 9, 12 et 14-15 ; Luc 24, 13-32, 36-41 et 44-51 ; Jean 20, 11 à 21, 23.

42. Matthieu 19, 5, citant Genèse 2, 24.

43. Psaume 110, 4 : Hébreux 5, 6 et 10 ; 6, 20 ; 7, 1-3, 11, 17, 1 et 28.

44. 1 Corinthiens 7, 9.

45. Matthieu 24, 36 et 42-44 ; 25, 1-13 ; Marc 13, 32 et 34-35 ; Luc 21, 36.

46. Voir ci-dessus les notes 12, 13 et 14.

47. Comme au début de son enseignement moral aux Éphésiens (4, 17), où il adjure de ne pas s'abandonner aux mêmes convoitises que les païens et aboutit à une théologie positive du mariage (5, 21-33).

48. C'est la position personnelle de saint Paul : une manière – mais non la seule, et possible en fonction d'une vocation particulière, comme Jésus lui-même l'indique (Matthieu 19, 12) – de « se tenir prêt » (voir la note 45) en anticipant sur la fin des temps où « il n'y aura plus ni mari ni femme dans le ciel » (voir la note 38 ; voir aussi Galates 3, 28).

49. Le divorce apparaît dans la société française pour la première fois en 1792 et ne revient définitivement qu'une centaine d'années plus tard, avec des conditions qui s'assouplissent progressivement jusqu'à la « déjudiciarisation » envisagée depuis 2007. Cela revient pratiquement à restaurer sous forme mutuelle les répudiations, autrefois unilatérales et préjudiciables surtout aux femmes, auxquelles l'Église avait fini par réussir à mettre un terme au XIIe siècle. (Voir Jean BART, *Histoire du droit privé de la chute de l'Empire romain au XIXe siècle*, Montchrestien, Paris, 1998, p. 285-286).

50. Genèse 1, 26-29 ; 2, 18-25.

51. Genèse 1, 29 et 9, 7.

52. Juges 4 et 5. La prophétesse Débora donne aux siens le courage de se battre en leur promettant la victoire, et Yaël, femme d'un descendant du beau-père de Moïse, tue le commandant des troupes cananéennes.

53. Judith 8 à 16.

54. Comme l'a affirmé le concile Vatican II (*Lumen gentium*, n° 1).

55. Voir Luc 24, 51 et Actes 1, 10.

56. Pour l'eucharistie voir Matthieu 26, 26-28; Marc 14, 22-23; Luc 22, 19-20; 1 Corinthiens 11, 23-29. Pour le baptême, voir Matthieu 28, 19 et Marc 16, 15. Pour la remise (ou le pardon) les péchés, voir Jean 20, 22. Pour l'envoi en mission apostolique de témoignage et d'enseignement (« apôtre » est la francisation d'un mot grec qui signifie « envoyé »), voir Mathieu 28, 19-20 et Jean 20, 21. Pour ce qui est de la charge de pasteur (ou berger), c'est d'abord une des figures que Jésus lui-même a revendiquées (Jean 10, 7-16) et il l'a transmise à ses apôtres en commençant par le premier d'entre eux, Pierre sur lequel est fondée son Église (Jean 1, 42 et Matthieu 16,18-19) : « Sois le pasteur de mon troupeau » (Jean 21, 15-17).

57. Avec non seulement les versions féminines des grands ordres (bénédictines, franciscaines, dominicaines, etc.), mais aussi la forme originale et spécifiquement féminine des béguinages.

58. Appelées aussi Sœurs de saint Vincent de Paul (1581-1660), puisque c'est pour répondre aux besoins qu'il signalait qu'elles ont été fondées par sainte Louise de Marillac (1591-1660).

59. Née en 1792, morte en 1879.

60. Par exemple Isaïe 63, 16.

61. Notamment selon Osée (voir la note 30).

62. Isaïe 49, 15 et 66, 13; Ecclésiastique (ou Siracide) 4, 10.

63. Voir 1 Rois 19, 11-12: face à Élie qui s'est rendu sur la montagne où Moïse avait reçu la Loi, Dieu n'est ni dans l'ouragan, ni dans le tremblement de terre, et ce n'est pas lui qui enflamme les broussailles, mais il se manifeste comme une brise imperceptible.

64. Jésus s'adresse familièrement à son Père (Abba, c'est-à-dire « père bien aimé ») : Matthieu 26, 39; Marc 14, 36; Luc 22, 42; Jean 17. Il parle de lui à ses disciples: Matthieu 7, 11; Marc 11, 25-26; Luc 11, 13; Jean 14 à 16. Il le leur désigne comme leur Père et les invite à le nommer ainsi: Matthieu 6, 9; Luc 11, 2.

65. Matthieu 22, 2 et 25, 1.

66. Le Baptiste se présente comme le témoin de l'époux pour ses noces: Jean 3, 29. Il y a aussi des prophétesses, comme cette

Anne qui, avec le vieillard Syméon, accueille Jésus au Temple lorsqu'il y est présenté (Luc 2, 33-38). Mais elle se contente de témoigner et de louer Dieu, sans accomplir de rites, comme Syméon qui bénit l'enfant ou Jean qui baptise.

67. C'est ce qu'a entrepris d'expliquer le P. Louis BOUYER qui, avec *Le Trône de la Sagesse. Essai sur la signification du culte marial* (Cerf, Paris, 1957; réédition, *ibid.*, 1987), a voulu fonder sur la Vierge son « anthropologie chrétienne » et, dans *Mystère et ministères de la femme* (Aubier-Montaigne, Paris, 1976), a tenté de montrer le rôle essentiel des filles, épouses, mères, religieuses et vierges consacrées dans la vie de l'Église.

68. Genèse 1, 27.

69. Voir Romains 6, 4-11.

70. Romains 11, 29.

71. Jean 4, 4-30.

72. Il existe toutefois des cas exceptionnels où le mariage peut être annulé, par exemple lorsqu'il est établi que l'un des conjoints n'était pas en mesure de s'engager de manière pleinement responsable.

73. Voir ci-dessus p. 75.

74. Voir ci-dessus p. 27 et suivantes.

75. Depuis la poésie de Ronsard, *Le Cid* au théâtre et *La Princesse de Clèves* pour le roman, les amours, leurs ambiguïtés, leurs liens avec la vie mais aussi avec la mort et leurs retentissements souvent dramatiques sont en littérature un sujet majeur et récurrent, souvent central, où l'acte charnel va tellement de soi qu'il serait indigne de s'y attarder pour un auteur soucieux de ne pas enfoncer des portes ouvertes.

76. La psychanalyse a montré que la sexualité ne s'exprime pas uniquement à travers certains actes spécifiques, mais imprègne, qu'on le veuille ou non, l'ensemble du comportement et des relations. Freud n'a donc pas donné aux activités explicitement sexuelles une place indépendante du reste de l'existence humaine, prioritaire et suffisante pour être bien dans sa peau. Il a plutôt donné à comprendre que la sexualité est omniprésente, même chez l'enfant, et que le passage à l'acte, lorsqu'il devient physiologiquement possible, ne peut pas évacuer toutes les tensions, voire en suscite d'autres (frustration que le rapport n'ait pas été pleinement satisfaisant, addiction obsessionnelle, culpabilité,

etc.), qui sont d'ordre psychique et largement inconscient, à un niveau où se brouillent les frontières tracées par les sciences « exactes » entre le pathologique et la normalité.

77. Que la romance tourne à la tragédie est une tout autre affaire : c'est, pourrait-on dire, « la faute à pas de chance ». Roméo et Juliette sont victimes non pas d'une transgression qu'ils auraient commise (ce sont leurs familles qui sont coupables et châtiées), mais d'une série de malentendus, malgré l'ingéniosité secourable du moine qui a reçu les consentements de ces amoureux simplement « nés sous une mauvaise étoile » (comme le dit platement le prologue). On est d'autant plus touché par ce dénouement malheureux que le coup de foudre réciproque a eu bien d'autres répercussions qu'un furtif rapport sexuel et que les personnalités des amants ont été transfigurées par leur engagement réciproque.

78. Voir ci-dessus p. 49.

79. Voir ci-dessus p. 49 et 95.

80. Le premier « bébé-éprouvette » au monde, Louise Brown, est né en Angleterre en 1978, grâce à Robert Edwards, qui a reçu le prix Nobel de médecine en 2010. D'autres fécondations *in vitro* ont été réalisées ensuite (et avant celle d'Amandine) en Inde et aux États-Unis.

81. *De l'éprouvette au bébé-spectacle*, éditions Complexe, Paris, 1984 et *L'Œuf transparent*, collection « Champs », Flammarion, Paris, 1986.

82. Le mot signifie étymologiquement (avec les racines grecques *eu* : bon et *gennân* : engendrer, suivies d'une désinence en « isme » manifestant une volonté systématique) qu'il ne devrait être permis qu'aux meilleurs spécimens d'une espèce – y compris l'homme – de se reproduire. Il semble que ce terme soit dû à Francis Galton (1822-1911), cousin du célèbre « père » de l'évolutionnisme, Charles Darwin, qui n'hésita pas à le soutenir et donc à accepter que la sélection ne soit plus « naturelle ». Le XIXe siècle paraît obsédé par la crainte que les « indigents », incapables de subvenir à leurs besoins et donc dégénérés, se multiplient. Cette hantise apparaît déjà dans le malthusianisme. Elle prend une dimension idéologique au XXe siècle, notamment avec le nazisme, et empirique au tournant du XXIe, où la simple existence de techniques adéquates justifie que l'on promeuve la

contraception dans les pays pauvres et que dans les pays riches, au coup par coup et non plus au nom d'une politique d'ailleurs fort discutable, non seulement on évite les naissances lorsqu'elles ne sont pas souhaitées, mais encore on en provoque quasiment sur demande.

83. Roman publié en 1932. Y est décrite comme un repoussoir une civilisation utopique où toutes les naissances ont lieu en laboratoire et où le mariage et la famille ont disparu tandis que « l'amour libre est obligatoire », le but étant de montrer que le bonheur scientifiquement organisé serait pire que l'oppression des masses laborieuses par le « capitalisme sauvage ». Selon Jacques Testart, néanmoins, le libéralisme, qui n'accepte que les lois du marché et est insensible aux objections d'ordre éthique à l'eugénisme, permet déjà que l'offre de P.M.A. stimule dangereusement la demande.

84. Un gamète est une cellule reproductrice capable de fusionner avec une autre, de type complémentaire (c'est-à-dire mâle ou femelle : un spermatozoïde ou un ovule), pour former un nouvel être vivant.

85. Voir ci-dessus p. 51 et 85-86.

86. Voir ci-dessus p. 65-66.

87. La première féministe moderne, l'Anglaise Mary Wollstonecraft (1759-1797, qui mourut en donnant naissance à Mary Shelley, plus tard l'auteur de *Frankenstein*) a par avance relativisé la formule ambiguë que Freud assurait avoir empruntée à Napoléon : « C'est l'anatomie qui détermine le destin » (« La disparition du complexe d'Œdipe », 1924, dans *La Vie sexuelle*, PUF, 1969, p. 117-122). C'est tout le débat entre l'inné et l'acquis, ou la nature et la culture. Ce que devient une femme est-il conditionné par les caractéristiques physiques et psychologiques de son sexe ? Freud a souligné que cela ne pouvait pas s'ignorer, sans qu'il faille pour autant en conclure que l'existence de la femme est nécessairement et intégralement gouvernée par la dépendance vis-à-vis de l'homme et par la maternité. Dans sa *Défense des droits de la femme* (1792, tr. fr. Petite bibliothèque Payot, 2005), Mary Wollstonecraft a mis en lumière l'importance de l'éducation et du contexte socioculturel, en relevant que le désir des épouses bourgeoises de plus en plus nombreuses, mais moins instruites que leurs maris, était d'échapper aux tâches

serviles dévolues aux femmes des classes inférieures et d'imiter la vie de loisirs des *ladies* de l'aristocratie. L'idéal de la mère de famille et maîtresse de maison élaboré à l'époque victorienne apparaît ainsi non pas comme une loi universelle et immuable, mais comme le produit d'un contexte particulier.

88. Voir ci-dessus p. 55-57.

89. Voir ci-dessus p. 21 et 95.

90. La référence demeure à cet égard l'*Épître à Diognète* : une lettre anonyme, adressée à un païen de haut rang, probablement à Alexandrie en Égypte, vers la fin du IIe siècle après Jésus-Christ, pour lui expliquer que les chrétiens participent activement à la vie sociale (ils sont « *dans* le monde » dont ils savent être solidaires), sans pour autant adopter toutes les orientations prédominantes du lieu et de l'époque (ils ne sont pas « *du* monde », au sens où ils ne sont pas dépendants de conformismes précaires et que leur foi leur permet de reconnaître comme ruineux).

91. Le mot « thébaïde », désignant un lieu de retrait du « monde » afin de se consacrer entièrement à Dieu, vient de ce qu'Antoine, le premier moine, et ses disciples sont partis comme ermites dans le désert entourant la ville de Thèbes en Égypte vers l'an 300 de l'ère chrétienne. Mais le monachisme, comme vocation particulière, d'une part n'a jamais concerné des gens mariés ni des familles et d'autre part est resté solidaire du « monde » en préservant la culture antique et en contribuant puissamment à l'élaboration d'une nouvelle civilisation après la chute de l'Empire romain, comme l'a rappelé le pape Benoît XVI dans son allocution au Collège des Bernardins le 12 septembre 2008.

92. Voir ci-dessus p. 70.

93. Voir ci-dessus p. 69 et suivantes.

94. Il existe beaucoup de livres illustrés qui présentent les éléments narratifs et les épisodes de la Révélation à partir desquels la foi peut se développer, par exemple l'*Histoire sainte* et *l'Histoire de Jésus et de ses apôtres* racontées par Jean DUCHESNE à ses petits-enfants (DDB-Parole et Silence, 2008 et 2010).

95. Matthieu 9, 1-8.

96. Luc 15, 11-31. Voir aussi p. 25-27.

97. L'allemand moderne est né avec la traduction de la Bible qu'a faite Luther. L'anglais s'est façonné avec le *Livre de prière commune* de l'Église nationale au milieu du XVIe siècle et la

« version autorisée » par le roi Jacques Ier en 1611, dont les sonorités et les rythmes ont bercé les imaginations et inspiré leur expression jusqu'à aujourd'hui. L'espagnol et l'italien sont dérivés du latin conservé par l'Église « romaine », dont l'étude ne permet donc pas de lire que Cicéron. De même, le grec ancien n'est pas que la langue d'Homère et de Platon, mais aussi celle dans laquelle ont été originellement rédigés les textes du Nouveau Testament.

98. Le conflit entre science et foi est relativement récent dans l'histoire de l'humanité et apparaît à partir du moment où des découvertes semblent remettre en question le savoir religieux et peuvent servir à édifier des systèmes idéologiques qui constituent en fait des substituts inavoués à la foi. Des figures comme Newton et Leibniz et, plus près de nous, Johann Gregor Mendel (le « père » de la génétique), Louis Pasteur et Mgr Georges Lemaître (l'inventeur du *Big Bang*) montrent bien qu'il n'y a aucune incompatibilité entre le christianisme et l'autonomie de la recherche. Aujourd'hui, l'Académie pontificale des Sciences à Rome réunit des savants qui sont loin d'être tous catholiques pratiquants mais trouvent là un lieu pratiquement sans équivalent de liberté d'expression et d'échange.

99. D'après saint Ignace de Loyola (1490-1556), fondateur de la Compagnie de Jésus (les jésuites).

100. Voir ci-dessus p. 106-107.

101. Luc 15, 4-7.

102. Voir Matthieu 7, 1-5, dont la substance peut se reformuler : « Ne jugez pas si vous ne voulez pas vous trouver vous-mêmes condamnés par la sentence que vous aurez prononcée sans en avoir le pouvoir et surtout en ignorant la loi suprême de l'amour patient et miséricordieux ».

103. Voir ci-dessus p. 37-39.

104. Matthieu 12, 48-50.

105. Luc 8, 21 ; 11, 28.

106. Luc 3, 46-52.

107. Voir ci-dessus p. 113-114.

108. Éphésiens 1, 10.

109. Comme le dit la quatrième prière eucharistique.

110. Matthieu 13, 24-30 et 36-43.

111. Voir ci-dessus p. 114 et note 90.

112. Matthieu 4, 1-11.

113. Jean 14, 6.

114. Voir Marc 4, 21-22; Matthieu 5, 14-15.

115. Matthieu 17, 1-9. Voir aussi 16, 20 et Marc 1, 34.

116. Matthieu 7, 6.

117. Marc 6, 52 et 9, 10 (où les disciples se demandent ce que signifie « se relever d'entre les morts »); Luc 18, 34.

118. Jean 7, 3-9, où Jésus refuse à ses cousins de donner des signes confirmant ce qu'il avance « parce que les temps ne sont pas accomplis ».

119. Luc 4, 30; 13, 31-33; Jean 7, 30; 8, 20 et 59; 10, 39; 12, 36.

120. Matthieu 26, 45; Marc 14, 41.

121. Jean 13, 1.

122. Luc 6, 40; Jean 13, 16.

123. Apocalypse 3, 15-16.

Table

Composition et mise en pages réalisées par
Compo 66 – Perpignan
614/2010

Pour être informé des publications
des Éditions Parole et Silence et recevoir notre catalogue,
envoyez vos coordonnées à :

Éditions Parole et Silence
10, rue Mercœur
F - 75011 Paris

ou

Le Muveran
CH - 1880 Les Plans sur Bex

paroleetsilence@omedia.ch

-------------✂---

Nom : ....
Prénom : ....
Adresse : ....
....
Code postal : ....
Ville : ....
E-mail : ....
Téléphone : ....
Fax : ....

Je souhaite être informé(e) des publications
des Éditions Parole et Silence.